Les Services de Tourisme
du Pneu Michelin
vous présentent
leur "Plan de Paris",
ouvrage spécialement destiné
à faciliter
la pratique journalière de Paris.

Cet ouvrage, périodiquement révisé,
tient compte de la situation
au moment de sa rédaction.
Mais certains renseignements
perdent de leur actualité
en raison de l'évolution incessante
de l'activité dans la capitale.
Nos lecteurs sauront le comprendre.

La clé du guide

The Michelin Tourist Services present
this new edition
of the PLAN DE PARIS
which is intended to facilitate
the visitor's stay in the capital.

Information in this section
is the latest available
at the time of going to press;
improvements and alterations may account
for certain discrepancies,
we hope our readers will bear with us.

•

Key to the guide

Die Touristikabteilung der
Michelin-Reifenwerke stellt Ihnen
ihre Veröffentlichung PLAN DE PARIS vor,
die eine praktische Hilfe
für Ihren Parisaufenthalt sein soll.

Die Ausgabe entspricht dem Stand
zur Zeit der Drucklegung.
Durch die Entwicklung
der sich stetig wandelnden Hauptstadt
können einige Angaben inzwischen veraltet sein.
Wir bitten unsere Leser dafür um Verständnis.

●

Übersicht

*Los Servicios de Turismo del Neumático Michelin
le presentan su PLAN DE PARIS
obra especialmente concebida
para desenvolverse fácilmente en París.*

*Esta edición corresponde a la situación actual,
pero la evolución de la actividad de la capital
puede hacer
que determinadas informaciones caduquen.
Esperamos que nuestros lectores lo comprendan.*

●

La clave de la guía

Tableau d'assemblage – Grands axes de circulation
Layout diagram – Main traffic artery

Seiteneinteilung des Plans – Hauptverkehrsstraßen
Plano general – Grandes vías de circulación

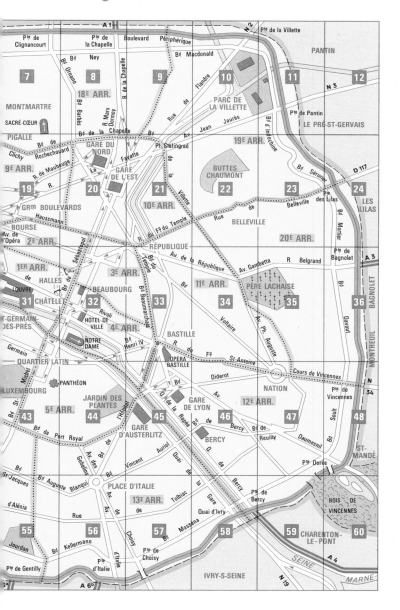

Index des rues de Paris

Les deux premières colonnes indiquent le nom de la rue ainsi que le ou les arrondissements dont elle dépend. Les colonnes suivantes renvoient à la page ou au carroyage qui permettent de localiser la rue sur le plan (découpage cartographique, p. 8 et 9). Dans certains cas, les lettres N (Nord) ou S (Sud) apportent une précision supplémentaire.

L'Association Valentin Haüy, 5, rue Duroc, 75007 Paris, diffuse la liste alphabétique des rues de Paris, transcrite en écriture braille (prix 180 F).

Index to the streets of Paris

The first two columns give the street's name and its arrondissement, or two if the street overlaps into a second. The following columns giving the page and grid reference enable you to locate a street on the plan (key map pp 8 and 9). In some cases the letters N (North) or S (South) indicate the position of the street more precisely.

Straßenverzeichnis

Die beiden ersten Spalten enthalten den Straßennamen and das bzw. die Arrondissements in dem/denen die Straße verläuft. Die nächsten Spalten verweisen auf Seite und Gitter des Plans, wo die Straße genau verzeichnet ist (Seiteneinteilung s. S. 8 und 9). Manchmal wurde zur präziseren Lagebestimmung ein N (Norden) oder S (Süden) hinzugefügt.

Índice de las calles de París

Las dos primeras columnas indican el nombre de la calle y el (o los) distritos de los que depende. Las columnas siguientes remiten a la página del plano y a las coordenas de la cuadrícula que permiten localizar con excactitud la calle en el plano (división cartográfica págs. 8 y 9). En algunos casos las letras N (Norte) o S (Sur) proporcionan una precisión suplementaria.

a

Nom	Arr.	Plan n°	Repère
Abbaye r. de l'	6	31	J13
Abbé-Basset pl. de l'	5	43-44	L14-L15
Abbé-Carton r. de l'	14	53-54	P10-P11
Abbé-de-l'Épée r. de l'	5	43	L14-L13
Abbé-Georges-Henocque pl. de l'	13	56	R15
Abbé-Gillet r. de l'	16	27	J6 N
Abbé-Grégoire r. de l'	6	42	K11-L12
Abbé-Groult r. de l'	15	40	L7-N8
Abbé-Jean-Lebeuf pl. de l'	14	42	N11
Abbé-Migne r. de l'	4	32	H16-J16
Abbé-Patureau r. de l'	18	7	C14
Abbé-Roger-Derry r. de l'	15	28	K8
Abbé-Roussel av. de l'	16	26-27	K4-K5
Abbé-Rousselot r. de l'	17	4	C8
Abbé-Soulange-Bodin pl. et r. de l'	14	42	N11
Abbesses pass. des	18	19	D13
Abbesses pl. des	18	19	D13
Abbesses r. des	18	7-19	D13
Abbeville r. d'		20	E15
n°s 1-17, 2-16	10		
n°s 19-fin, 18-fin	9		
Abel r.	12	45	L18-K18
Abel-Ferry r.	16	38	N3 N
Abel-Hovelacque r.	13	44-56	N15 S
Abel-Leblanc pass.	12	46	L19
Abel-Rabaud r.	11	21	G18 N
Abel-Truchet r.	17	18	D11
Aboukir r. d'	2	31-20	G14-G15
Abreuvoir r. de l'	18	7	C13 S
Acacias pass. des	17	16	E7
Acacias r. des	17	16	E7 S
Acadie pl. d'	6	31	K13 N
Achille r.	20	35	H21
Achille-Luchaire r.	14	54	R11
Achille-Martinet r.	18	7	C13-B13
Adanson sq.	5	44	M15
Adjudant-Réau r. de l'	20	23-35	G22
Adjudant-Vincenot pl.	20	24	F23 S
Adolphe-Adam r.	4	32	J15
Adolphe-Chérioux pl.	15	40	M8
Adolphe-Focillon r.	14	54	P12 S
Adolphe-Jullien r.	1	31	H14 N
Adolphe-Max pl.	9	18	D12
Adolphe-Mille r.	19	10	C20
Adolphe-Pinard bd	14	53	R9-R10
Adolphe-Yvon r.	16	26	H4-G4
Adour villa de l'	19	22	F20 N
Adrien-Hébrard av.	16	26	J4 S
Adrien-Oudin r.	9	19	F13
Adrienne cité	20	35	J22 N
Adrienne villa	14	54	N12 S
Adrienne-Lecouvreur allée	7	28-29	J8-J9
Adrienne-Simon villa	14	42	N12 N
Affre r.	18	8	D16-C16
Agar r.	16	27	K5
Agent-Bailly r. de l'	9	19	E14
Agrippa-d'Aubigné r.	4	32-33	K16-K17
d'Aguesseau r.	8	18	G11-F11
Aide-Sociale sq. de l'	14	42	N11
Aimé-Lavy r.	18	7	B14 S
Aimé-Maillart pl.	17	16	D8 S
Aimé-Morot r.	13	56	R15-S15
Aisne r. de l'	19	10	C19 N
Aix r. d'	10	21	G18-F17
Alain r.	14	41	M10-N10
Alain-Chartier r.	15	40	M8 S
Alain-Fournier sq.	14	53	P9
Alasseur r.	15	28	K8
Albéric-Magnard r.	16	27-26	H5-H4
Albert r.	13	57	R18-P18
Albert-Bartholomé av.	15	52	P7-P8
Albert-Bartholomé sq.	15	52	P7
Albert-Bayet r.	13	56	P16-N16
Albert-Camus r.	10	21	E17
Albert-de-Lapparent r.	7	41	K9
Albert-de-Mun av.	16	28	H7 N
Albert-Kahn pl.	18	7	B14
Albert-Londres pl.	13	57	R17
Albert-Malet r.	12	48	M23 N
Albert-Marquet r.	20	35	J22
Albert-1er cours	8	29	G9 S
Albert-1er-de-Monaco av.	16	28	H7
Albert-Robida villa	19	22	E20
Albert-Samain r.	17	4	D7-C7
Albert-Schweitzer sq.	4	32	J16
Albert-Sorel r.	14	54	R11
Albert-Thomas r.	10	21-20	G17-F16
Albert-Willemetz r.	20	48	L24-K24
Albin-Cachot sq.	13	43	N14 S
Albin-Haller r.	13	56	R15
Alboni r. de l'	16	27	J6 N
Alboni sq.	16	27	J6 N
d'Alembert r.	14	55	P13 N
Alençon r. d'	15	42	L11
Alésia r. d'	14	55-53	P14-N10
Alésia villa d'	14	54	P11
Alexander-Fleming r.	19	23	D22-E22
Alexandre pass.	15	41	M10
Alexandre-Cabanel r.	15	40-41	K8-K9
Alexandre-Charpentier r.	17	16	D7
Alexandre-de-Humbolt r.	19	10	C19
Alexandre-Dumas r.		34-35	K20-J21
n°s 1-59, 2-72	11		
n°s 61 fin, 74-fin	20		
Alexandre-Lécuyer imp.	18	7	B14 N
Alexandre-Parodi r.	10	21	E17 N
Alexandre-Ribot villa	19	23	D21 S
Alexandre III pont	8	29	H10 N
Alexandrie r. d'	2	20	G15 N
Alexandrine pass.	11	34	J20
Alexis-Carrel r.	15	28	J8 S
Alfred-Bruneau r.	16	27	J5
Alfred-Capus sq.	16	26	K3
Alfred-de-Vigny r.		17	E9
n°s 1-9, 2-16	8		
n°s 11-fin, 18-fin	17		
Alfred-Dehodencq r.	16	26	H4
Alfred-Dehodencq sq.	16	26	H4
Alfred-Durand-Claye r.	14	53	P9 N
Alfred-Fouillée r.	13	57	S17 N

Nom	Arrondissement	Plan n°	Repère
Alfred-Roll r.	17	4	C8 *S*
Alfred-Stevens pass.	9	19	D13 *S*
Alfred-Stevens r.	9	19	D13 *S*
Alger r. d'	1	30	G12 *S*
Algérie bd d'	19	23	E22-D21
Alibert r.	10	21	F17
Alice sq.	14	53	P10 *S*
d'Aligre pl.	12	46	K19 *S*
d'Aligre r.	12	46	K19 *S*
Aliscamps sq. des	16	26	K3 *N*
Allard r.		48	M23
nᵒˢ 29-fin, 30-fin	12		
autres nᵒˢ	Saint-Mandé		
Allent r.	7	30	J12 *N*
Alleray hameau d'	15	40-41	M8-M9
Alleray pl. d'	15	41	N9 *N*
Alleray r. d'	15	40-41	M8-N9
Allier quai de l'	19	10	A19
Alma cité de l'	7	28	H8 *S*
Alma pl. de l'		28	G8 *S*
nᵒˢ 1 et 1 bis	16		
nᵒˢ 2, 3-fin	8		
Alma pont de l'	16	28	H8
Alombert pass.	3	32	H16-G16
Alouettes r. des	19	22	E20
Alpes r. des	13	56	N16 *S*
Alphand av.	16	15	F6 *N*
Alphand r.	13	56	P15
Alphonse-Allais pl.	20	22	F 19
Alphonse-Aulard r.	19	23	E21 *N*
Alphonse-Baudin r.	11	33	H18
Alphonse-Bertillon r.	15	41	N10
Alphonse-Daudet r.	14	54	P12 *S*
Alphonse-de-Neuville r.	17	5-4	D9 *N*
Alphonse-Deville pl.	6	30	K12
Alphonse-Humbert pl.	15	39	L6 *N*
Alphonse-Karr r.	19	10	B19
Alphonse-Laveran pl.	5	43	M14 *N*
Alphonse-Penaud r.	20	24-23	G23-G22
Alphonse-XIII av.	16	27	J6
Alsace r. d'	10	20	E16
Alsace villa d'	19	23	E21 *N*
Alsace-Lorraine cour d'	12	46	L20
Alsace-Lorraine r. d'	19	23-22	D21-D20
Amalia villa	19	22-23	D20-E21
Amandiers r. des	20	22-34	H20-G20
Amboise r. d'	2	19	F13
Ambroise-Paré r.	10	20	D15 *S*
Ambroise-Rendu av.	19	11-23	D21
Ambroise-Thomas r.	9	20	F15 *N*
Amélie r.	7	29	H9-J9
Amélie villa	20	23	F22
Amelot r.	11	33	J17-G17
Ameublement cité de l'	11	34	K20
Amiens sq. d'	20	36	H23 *S*
Amiral-Bruix bd de l'	16	15	F5-E6
Amiral-Cloué r. de l'	16	39	L5 *N*
Amiral-Courbet r. de l'	16	15	G6 *N*
Amiral-de-Coligny r. de l'	1	31	H14 *S*
Amiral-de-Grasse pl.	16	28	G8
Amiral-d'Estaing r. de l'	16	28-16	G7
Amiral-La-Roncière-Le-Noury r. de l'	12	48	N23 *N*
Amiral-Mouchez r. de l'		55	P14-R14
nᵒˢ impairs	13		
nᵒˢ pairs	14		
Amiral-Roussin r. de l'	15	40	L8-M8
Amiraux r. des	18	8	B15
Ampère r.	17	5-4	D9-D8
Amphithéâtre pl. de l'	14	41-42	M10-M11
Amsterdam cour d'	8	18	E12
Amsterdam imp. d'	8	18	E12
Amsterdam r. d'		18	E12-D12
nᵒˢ impairs	8		
nᵒˢ pairs	9		
Amyot r.	5	44-43	L15-L14
Anatole-de-la-Forge r.	17	16	F7-E7
Anatole-France av.	7	28	J8
Anatole-France quai	7	30	H12-H11
Ancienne-Comédie r. de l'	6	31	J13-K13
Ancre pass. de l'	3	32	H15-G15
Andigné r. d'	16	27-26	J5-H4
André-Antoine r.	18	19	D13
André-Barsacq r.	18	7-19	D14
André-Bréchet r.	17	6	A12-A11
André-Breton allée	1	31	H14
André-Citroën parc	15	39	L 5-M 5
André-Citroën quai	15	39-38	K6-M4
André-Colledebœuf r.	16	26	K4 *N*
André-Danjon r.	19	10-22	D19 *N*
André-del-Sarte r.	18	7	D14 *N*
André-Derain r.	12	47-48	M22-M23
André Dreyer sq.	13	55	P14 *S*
André-Dubois r.	19	22	D19
André-Gide r.	15	41	M10-N10
André-Gill r.	18	19	D14
André-Honnorat pl.	6	43	L13
André-Lichtenberger sq.	14	53	P10
André-Malraux pl.	1	31	H13 *N*
André-Maurois bd	16	15	E5
André-Messager r.	18	7	B14
André-Pascal r.	16	26	H4
André-Rivoire av.	14	55	S13 *N*
André-Tardieu pl.	7	29	K10
André-Theuriet r.	15	52	P8
Andrezieux allée d'	18	8	B15 *S*
Andrieux r.	8	18	E11-D11
Androuet r.	18	7	D13 *N*
Angélique-Compoint r.	18	7	B13 *N*
Angers imp. d'	18	7	B13 *N*
Anglais imp. des	19	9	C18
Anglais r. des	5	32	K15
Angoulême cité d'	11	33	G18
Anjou quai d'	4	32	K16
Anjou r. d'	8	18	G11-F11
Ankara r. d'	16	27	J6 *S*
Annam r. d'	20	23-35	G21
Anne-de-Beaujeu allée	19	21	E18
Annelets r. des	19	22	E20
Annibal cité	14	55	P13 *S*
Annonciation r. de l'	16	27	J6-J5
Anselme-Payen r.	15	41	M10
Antilles pl. des	11	47	K21
d'Antin cité	9	19	F13 *N*
d'Antin imp.	8	29	G10-G9
d'Antin r.	2	19	G13 *N*
Antoine-Arnauld r.	16	27-26	J5-J4
Antoine-Arnauld sq.	16	27-26	J5-J4
Antoine-Bourdelle r.	15	42-41	L11-L10
Antoine-Carême pass.	1	31	H14
Antoine-Chantin r.	14	54	P11 *S*
Antoine-Dubois r.	6	31	K14-K13
Antoine-Hajje r.	15	39	L6 *N*
Antoine-Loubeyre cité	20	22	F20 *S*

Nom	Arrondissement	Plan n°	Repère
Antoine-Roucher r.	16	38	L4 *N*
Antoine-Vollon r.	12	33	K18
Antonin-Mercié r.	15	52	P8
Anvers pl. d'	9	19	D14 *S*
Apennins r. des	17	6	C11 *N*
Appert r.	11	33	H18
Aqueduc r. de l'	10	20-21	E16-D17
Aquitaine sq. d'	19	11	D21-C21
Arago bd		44-43	N15-N13
n°s 1-73, 2-82	13		
n°s 75-fin, 84-fin	14		
Arago sq.	13	43	N14 *N*
Arbalète r. de l'	5	44-43	M15-14
Arbre-Sec r. de l'	1	31	H14 *S*
Arbustes r. des	14	53	P9
Arc-de-Triomphe r. de l'	17	16	E7 *S*
Arcade r. de l'	8	18	F11
Archereau r.	19	9	C18-B18
Archevêché pont de l'	4	32	K15
Archevêché quai de l'	4	32	K15 *N*
Archives r. des		32	J15-H16
n°s 1-41, 2-56	4		
n°s 43-fin, 58-fin	3		
Arcole pont d'	4	32	J15
Arcole r. d'	4	32	J15 *S*
Arcueil porte d'	14	55	R13
Arcueil r. d'	14	55	R14-S14
Ardennes r. des	19	10	C20
Arènes r. des	5	44	L15
Arènes de Lutèce sq. des	5	44	L 15
Argenson r. d'	8	17	F10 *N*
Argenteuil r. d'	1	31	H13-G13
Argentine cité de l'	16	16	G6 *N*
Argentine r. de l'	16	16	F7 *N*
Argonne pl. de l'	19	10	B19
Argonne r. de l'	19	10	B20-B19
Argout r. d'	2	31	G14 *S*
Arioste r. de l'	16	37	M2 *N*
Aristide-Briand r.	7	30	H11
Aristide-Bruand r.	18	7-19	D13 *N*
Aristide-Maillol r.	15	41	M10
Armaillé r. d'	17	16	E7
Armand villa	18	6	B12 *S*
Armand-Carrel pl.	19	22	D19 *S*
Armand-Carrel r.	19	22-21	D19-D18
Armand-Fallières villa	19	22	E20 *N*
Armand-Gauthier r.	18	7	C13
Armand-Moisant r.	15	41-42	L10-M11
Armand-Rousseau av.	12	48	N23-M23
Armée-d'Orient r. de l'	18	7	C13 *S*
Armenonville r. d'		15	D6-D5
n°s 1-11 bis, 2-10	17		
n°s 13-fin, 12-fin Neuilly-s-Seine			
Armorique r. de l'	15	41	M10
Arnault-Tzanck pl.	17	6	A11 *S*
Arquebusiers r. des	3	33	H17 *S*
Arras r. d'	5	44	L15 *N*
Arrivée r. de l'	15	42	L11 *S*
Arsenal r. de l'	4	33-45	K17
Arsène-Houssaye r.	8	16	F8
d'Arsonval r.	15	41	M10
d'Artagnan r.	12	46	L20
Arthur-Brière r.	17	6	B12
Arthur-Groussier r.	10	21	F18
Arthur-Honegger allée	19	11	C21
Arthur-Ranc r.	18	7	A13 *S*

Nom	Arrondissement	Plan n°	Repère
Arthur-Rozier r.	19	22	E20
Artistes r. des	14	55	P13 *S*
Artois r. d'	8	17	F9
Arts av. des	17	15	D6 *S*
Arts imp. des	12	47	L21 *N*
Arts pass. des	14	42	N11 *N*
Arts pont des	1	31	H13-J13
Arts villa des	18	6	C12 *S*
Asile pass. de l'	11	33	H18 *S*
Asile-Popincourt r. de l'	11	33	H18 *S*
Asnières porte d'	17	4	B8-C8
Assas r. d'	6	42-43	K12-M13
Asseline r.	14	42	N11
Assomption r. de l'	16	27-26	K5-J4
d'Astorg r.	8	18	F11
Astrolabe imp. de l'	15	42	L11
Athènes r. d'	9	18	E12
Atlas pass. de l'	19	21	F18 *N*
Atlas r. de l'	19	21	F18-E18
Auber r.	9	18	F12
Aubervilliers imp. d'	19	9	C17-D17
Aubervilliers porte d'	19	9	A18
Aubervilliers r. d'		9	D17-A18
n°s impairs	18		
n°s pairs	19		
Aublet villa	17	16	D7-D8
Aubriot r.	4	32	J16 *N*
Aubry cité	20	35	J21 *N*
Aubry-le-Boucher r.	4	32	H15 *S*
Aude r. de l'	14	55	P13 *S*
Audran r.	18	7-19	D13 *N*
Audubon r.	12	45	L17-L18
Auger r.	20	35	K21
Augereau r.	7	28-29	J8-J9
Auguste-Barbier r.	11	21	G18
Auguste-Baron pl.	19	10	A20
Auguste-Bartholdi r.	15	28	K7-K8
Auguste-Blanqui bd	13	56-55	P15-N14
Auguste-Blanqui villa	13	57	P17 *N*
Auguste-Cain r.	14	54	P11 *S*
Auguste-Chabrières cité	15	40	N7
Auguste-Chabrières r.	15	40	N7
Auguste-Chapuis r.	20	36	J23
Auguste-Comte r.	6	43	L13
Auguste-Dorchain r.	15	40	L8
Auguste-Lançon r.	13	55	R14
Auguste-Laurent r.	11	34	J19 *N*
Auguste-Maquet r.	16	38	M4
Auguste-Métivier pl.	20	34	H20
Auguste-Mie r.	14	42	M11 *S*
Auguste-Perret r.	13	56	R16 *N*
Auguste-Renoir sq.	14	53	P9
Auguste-Vacquerie r.	16	16	F8-G7
Auguste-Vitu r.	15	39	L5
Augustin-Thierry r.	19	23	E21 *S*
Aumale r. d'	9	19	E13
Aumont r.	13	56	P16 *S*
Aumont-Thiéville r.	17	16	D7
Aunay imp. d'	11	34	H20 *S*
d'Aurelle-de-Paladines bd	17	15	D6 *S*
Austerlitz cité d'	5	45-44	M17 *S*
Austerlitz pont d'	12	45	L17
Austerlitz port d'	13	45	M18-L17
Austerlitz quai d'	13	45	M18-L17
Austerlitz r. d'	12	45	L18 *N*

Nom	Arrondissement	Plan n°	Repère
Beaune r. de	7	30	H12-J12
Beaunier r.	14	54	R12 N
Beauregard r.	2	20	G15 N
Beaurepaire cité	2	32	G15 S
Beaurepaire r.	10	21	G17-F17
Beauséjour bd de	16	26	J4 N
Beauséjour villa de	16	26	J4 N
Beautreillis r.	4	33	K17-J17
Beauvau pl.	8	17	F10 S
Beaux-Arts r. des	6	31	J13
Beccaria r.	12	46	L19-K19
Becquerel r.	18	7	C14
Beethoven r.	16	28-27	J7-H6
Bel-Air av. du	12	47	L21 N
Bel-Air cour du	12	33	K18
Bel-Air villa du	12	48	L23-M23
Béla-Bartok sq.	15	27	K6
Belfort r. de	11	34	J19-J20
Belgrade r. de	7	29-28	J9-J8
Belgrand r.	20	35-36	G21-G23
Belhomme r.	18	20	D15
Belidor r.	17	15	E6 N
Bellart r.	15	41	L9 N
Bellechasse r. de	7	30	H12-J11
Bellefond r. de	9	20-19	E15-E14
Belles-Feuilles imp. des	16	15	G6 N
Belles-Feuilles r. des	16	27-15	G6-F5
Belleville bd de		34-22	G19-F19
n°s impairs	11		
n°s pairs	20		
Belleville parc de	20	22	F 19-F 20
Belleville r. de		22-23	F19-E22
n°s impairs	19		
n°s pairs	20		
Bellevue r. de	19	23	E21
Bellevue villa de	19	23	E21 N
Belliard r.	18	8-6	A15-B12
Belliard villa	18	6	B12
Bellier-Dedouvre r.	13	56	R15 N
de Bellièvre r.	13	45	M18 S
Bellini r.	16	27	H6
Bellot r.	19	9	D17 N
de Belloy r.	16	16	G7 N
Belvédère av. du	19	11	D21
de Belzunce r.	10	20	E15
Ben-Aïad pass.	2	31	G14 S
Bénard r.	14	54	N11 S
Benjamin-Constant r.	19	10	B19
Benjamin-Franklin r.	16	27	H6
Benjamin-Godard r.	16	27	G5 S
Benouville r.	16	15	G5 N
Béranger hameau	16	27	K5 N
Béranger r.	3	33	G17 S
Bérard cour	4	33	J17 S
Berbier-du-Mets r.	13	44	N15 N
Bercy allée de	12	45-46	L18
Bercy bd de	12	45-46	M18-20
Bercy pont de	12	45	M18
Bercy port de	12	58-45	P20-M18
Bercy porte de	12	58-59	P20-P21
Bercy quai de	12	58-45	P20-M18
Bercy r. de	12	46-45	N20-K17
Bergame imp. de	20	35	J21-K21
Berger r.	1	32-31	H15-H14
Bergère cité	9	19	F14
Bergère r.	9	20-19	F15-F14
Bergers r. des	15	39	L6-M6
Bérite r. de	6	42	K11-L11
Berlioz r.	16	15	F6-E6
Bernard-de-Clairvaux r.	3	32	H15
Bernard-de-Ventadour r.	14	41	N10
Bernard-Halpern pl.	5	44	M15
Bernard-Lacache r.	12	48	L23-L24
Bernard-Palissy r.	6	31-30	K13-K12
Bernardins r. des	5	32-44	K15
Berne r. de	8	18	E11-D11
Bernouilli r.	8	18	E11 N
Berri r. de	8	17	F9
Berryer cité	8	18	G11 N
Berryer r.	8	17	F9-E9
Berthaud imp.	3	32	H15
Berthe r.	18	7	D14-D13
Berthie-Albrecht av.	8	16	F8-E8
Berthier bd	17	5-4	B10-D7
Berthier villa	17	4	D7 N
Berthollet r.	5	43	M14
Bertin-Poirée r.	1	31	J14-H14
Berton r.	16	27	J6
Bertrand cité	11	34	H19 N
Bervic r.	18	20	D15
Berzélius pass.	17	6	B11
Berzélius r.	17	6	C11-B11
Beslay pass.	11	33	H18 N
Bessières bd	17	6-5	B12-B10
Bessières r.	17	5	B10
Bessin r. du	15	53	N9-P9
Béthune quai de	4	32	K16
Beudant r.	17	18	D11 S
Bezout r.	14	55-54	P13-P12
Bichat r.	10	21	G17-F17
Bidassoa r. de la	20	35-22	G21-G20
Bidault ruelle	12	46	L19
Bienaimé cité	18	7	B13 N
Bienfaisance r. de la	8	18-17	E11-E10
Bienvenüe pl.	15	42	L11 S
Bièvre r. de	5	32-44	K15
Bignon r.	12	46	M20
Bigorre r. de	14	54	P12
Binder pass.	19	22	D19
Biot r.	17	18	D12
Bir-Hakeim pont de	16	27-28	J6-J7
Birague r. de	4	33	J17 S
Biscornet r.	12	33-45	K18-K17
Bisson r.	20	22	F19 S
Bitche pl. de	19	10	C19
Bixio r.	7	29	K10 N
Bizerte r. de	17	6-18	D11 N
Blainville r.	5	44	L15
Blaise-Cendrars allée	1	31	H14
Blaise-Desgoffe r.	6	42	L12-L11
Blanchard r.	20	36	J23 N
Blanche cité	14	53	P9 N
Blanche pl.	9	19-18	D13-D12
Blanche r.	9	19-18	E13-D12
Blanche-Antoinette r.	19	22	D20 S
Blancs-Manteaux r. des	4	32	J16-H15
Bleue r.	9	20-19	E15-E14
Blomet r.	15	41-40	L9-M7
Blondel r.	3	20	G16-G15
Bluets r. des	11	34	H19-G19
Bobillot r.	13	56	P15-R15
Bocage r. du	15	53	P9 N
Boccador r. du	8	29-28	G9-G8
Bochart-de-Saron r.	9	19	E14-D14

Nom	Arrondissement	Plan n°	Repère
Boërs villa des	19	22	E20-D20
Bœuf imp. du	4	32	H15 S
Bœufs imp. des	5	44	K15 S
Boïeldieu pl.	2	19	F13 S
Boileau hameau	16	38	L3
Boileau r.	16	38	L4-M3
Boileau villa	16	38	L3
Boinod r.	18	8	C15-B15
Bois r. des	19	23	E21-E22
Bois-de-Boulogne r. du	16	16-15	F7-F6
Bois-le-Prêtre bd du		6	A11
nos 1-51, 2-42	17		
nos 53-fin, 42 bis-fin	Clichy		
Bois-le-Vent r.	16	27	J5 N
Boissière r.	16	28-15	G7-G6
Boissière villa	16	28	G7 S
Boissieu r.	18	20	D15
Boissonade r.	14	43-42	M13-12
Boissy-d'Anglas r.	8	18	G11-F11
Boiton pass.	13	56	P15 S
Bolivar sq.	19	22	F19-E19
Bon-Secours imp.	11	34	J19
Bonaparte r.	6	31-43	J13-K13
Bonne r. de la	18	7	C14 S
Bonne-Graine pass. de la	11	33	K18 N
Bonne-Nouvelle bd de		20	G15-F15
nos impairs	2		
nos pairs	10		
Bonne-Nouvelle imp. de	10	20	F15 S
Bonnet r.	18	7	B13 N
Bons-Enfants r. des	1	31	H13 N
Borda r.	3	32	G16 S
Borrégo r. du	20	23	F21-F22
Borrégo villa du	20	23	F22
Borromée r.	15	41	M9 N
Bosio r.	16	38	K4 S
Bosquet av.	7	29	H9-J9
Bosquet r.	7	29	J9
Bosquet villa	7	29	H9
Bossuet r.	10	20	E15
Botha r.	20	22	F20 S
Botzaris r.	19	22	E19-E20
Bouchardon r.	10	20	G16-F16
Boucher r.	1	31	H14 S
Bouchut r.	15	41	L9-L10
Boucicaut r.	15	39	L6 S
Boucicaut sq.	7	30	K 12
Boucry r.	18	9-8	B17-B16
Boudin pass.	20	23	G22 N
Boudon av.	16	26-38	K4 S
Boudreau r.	9	18	F12
Boufflers av. de	16	26-38	K3
Bougainville r.	7	29	J9
Bouilloux-Lafont r.	15	39	M6-M5
Boulainvilliers hameau	16	27	J5 S
Boulainvilliers r. de	16	27	K5-J5
Boulangers r. des	5	44	L15
Boulard r.	14	42-54	N12
Boulay pass.	17	6	B11
Boulay r.	17	5-6	B10-B11
Boule-Blanche pass.	12	33	K18 N
Boule-Rouge r de la	9	19	F14
Boule-Rouge imp. de la	9	19	F14
Bouleaux sq. des	19	21	D 18
Boulets r. des	11	34-46	K20
Boulitte r.	14	53-54	P10-P11
Boulle r.	11	33	J18
Boulnois pl.	17	16	E8
Bouloi r. du	1	31	H14 N
Bouquet-de-Longchamp r.	16	28	G7 S
Bourbon quai de	4	32	K16-J15
Bourbon-le-Château r. de	6	31	J13 S
Bourdaloue r.	9	19	E13 S
Bourdin imp.	8	17-29	G9
Bourdon bd	4	33-45	K17
Bourdonnais imp. des	1	31	H14 S
Bourdonnais r. des	1	31	J14-H14
Bouret r.	19	21	E18-D18
Bourg-l'Abbé pass. du	2	32	G15 S
Bourg-l'Abbé r. du	3	32	H15 N
Bourg-Tibourg r. du	4	32	J16
Bourgogne r. de	7	30-29	H11-J10
Bourgoin imp.	13	57	R17 N
Bourgoin pass.	13	57	R17 N
Bourgon r.	13	56	R16
Boursault imp.	17	18	D11 S
Boursault r.	17	6-18	D11
Bourse pl. de la	2	19	G14 N
Bourse r. de la	2	19	G14-G13
Bourseul r.	15	41-40	M9-M8
Boussingault r.	13	55	R14-P14
Boutarel r.	4	32	K15 N
Boutebrie r.	5	31	K14
Boutin r.	13	55	P14
Boutron imp.	10	20-21	E16-E17
Boutroux av.	13	57	R18
Bouvart imp.	5	43	K14 S
Bouvier imp.	11	34	K20 N
Bouvines av. de	11	35-47	K21
Bouvines r. de	11	35-47	K21
Boy-Zelenski r.	10	21	E17
Boyer r.	20	35-22	G21-G20
Boyer-Barret r.	14	42-54	N11 S
Brady pass.	10	20	F16-F15
Brancion porte	15	52	P8
Brancion r.	15	41-52	N9-P8
Brancion sq.	15	52	P8
Branly quai		28	H8-J7
nos 1-17	7		
nos 73-fin	15		
Brantôme pass.	3	32	H15
Brantôme r.	3	32	H15
Braque r. de	3	32	H16 S
Brazzaville pl. de	15	27	K6
Bréa r.	6	42	L12 S
Brèche-aux-Loups r.	12	47	N21-M21
Bréguet r.	11	33	J18
Brémontier r.	17	17	D9
Brésil pl. du	17	17	D9
Bresse sq. de la	16	38	M3 S
Bretagne r. de	3	33-32	H17-G16
Breteuil av. de		29-41	K10-L10
nos 1-69, 2-76	7		
nos 71-fin, 78-fin	15		
Breteuil pl. de		41	L10 N
nos 1-11, 2 seulement	7		
nos 13-fin, 4-fin	15		
Bretonneau r.	20	23-35	G22
Bretons cour des	10	21	F18 S
Bretonvilliers r. de	4	32	K16
Brey r.	17	16	E8 S
Brézin r.	14	54	P12-N12

Nom	Arrondissement	Plan n°	Repère
Briare imp.	9	19	E14 *S*
Bridaine r.	17	6	D11 *N*
Brie pass. de la	19	21	E18 *N*
Briens sentier	12	47	L22
Brignole r.	16	28	G8 *S*
Brillat-Savarin r.	13	56-55	R15-R14
Briquet pass.	18	19	D14
Briquet r.	18	19	D14
Briqueterie r. de la	14	53	P9 *S*
Brisemiche r.	4	32	H15
Brissac r. de	4	45	K17 *S*
Brizeux sq.	20	23	F21-G21
Broca r.		44-43	M15-N14
n°s 1-49, 2-52	5		
n°s 51-fin, 54-fin	13		
Brochant r.	17	5-6	C10-C11
Brongniart r.	2	19	G14 *N*
de Brosse r.	4	32	J15
Brouillards allée des	18	7	C13
Broussais r.	14	55	P13
Brown-Séquard r.	15	41	M10 *N*
Bruant r.	13	45	N17 *N*
Bruller r.	14	55	P13
Brulon pass.	12	34-46	K19
Brune bd	14	53-54	P9-R12
Brune villa	14	54	P11 *S*
Brunel r.	17	16	E7
Bruneseau r.	13	58	R20-R19
Brunet porte	19	23	D21
Brunetière av.	17	4	C8
Brunoy pass.	12	46	L19
Bruxelles r. de	9	18	D12
Bucarest r. de	8	18	E12 *N*
Bûcherie r. de la	5	32-31	K15-K14
de Buci carr.	6	31	J13 *S*
de Buci r.	6	31	J13 *S*
Budapest pl. de	9	18	E12
Budapest r. de	9	18	E12 *S*
Budé r.	4	32	K16
Buenos Aires r. de	7	28	J7
Buffault r.	9	19	F14-E14
Buffon r.	5	45-44	L17-M16
Bugeaud av.	16	15	G6-F5
Buis r. du	16	38	L4 *N*
Buisson-St-Louis pass.	10	21	F18
Buisson-St-Louis r. du	10	21	F18
Bullourde pass.	11	33-34	J18-J19
Buot r.	13	56	P15 *S*
Bureau imp. du	11	35	K21 *N*
Bureau pass. du	11	35	J21 *S*
Burnouf r.	19	21	F18-E18
Burq r.	18	7	D13-C13
Butte-aux-Cailles r.	13	56	P15
Butte du Chapeau Rouge sq. de la	19	23	D 21
Buttes Chaumont parc des	19	22	E 19
Buzelin r.	18	9	C17
Buzenval r. de	20	47-35	K22-J21

C

Nom	Arrondissement	Plan n°	Repère
Cabanis r.	14	55	P14-P13
Cacheux r.	13	55	R14 *S*
Cadet r.	9	19	F14-E14
Cadix r. de	15	40	N7
Cadran imp. du	18	19	D14
Caffarelli r.	3	32-33	H16-H17
Caffieri av.	13	56	R15-S15
Cahors r. de	19	11	D21 *N*
Cail r.	10	20	D16
Caillard imp.	11	33	J18 *S*
Caillaux r.	13	56	R16
Cailletet r.	12	48	L23-M24
Caillié r.	18	9-21	D17 *N*
Caire pass. du	2	20	G15
Caire pl. du	2	20	G15
Caire r. du	2	32-20	G15
Calais r. de	9	18	D12
Calmels imp.	18	7	B13
Calmels r.	18	7	B14-B13
Calmels prolongée r.	18	7	B13 *S*
Calvaire pl. du	18	7	D14 *N*
Calvaire r. du	18	7	D14
Cambacérès r.	8	18	F11
Cambo r. de	19	23	E21
Cambodge r. du	20	35	G21 *S*
Cambon r.	1	18-30	G12
Cambrai r. de	19	10	B19
Cambronne pl.	15	40	K8-L8
Cambronne r.	15	40-41	L8-M9
Camélias r. des	14	53	P9
Camille-Blaisot r.	17	6	A12
Camille-Desmoulins r.	11	34	J19-H19
Camille-Flammarion r.	18	7	A13-A14
Camille-Jullian pl.	6	43	M13 *N*
Camille-Tahan r.	18	6	D12
de Camoëns av.	16	27	H6 *S*
Campagne-Première r.	14	43-42	M13-M12
Campo-Formio r. de	13	44	N16
Camulogène r.	15	53	P9
Canada pl. du	8	29	G10
Canada r. du	18	9	C17
Canart imp.	12	48	L23
Candie r. de	11	34	K19
de Candolle r.	5	44	M15
Canettes r. des	6	31	K13 *N*
du Cange r.	14	41	N10
Canivet r. du	6	31-43	K13
Cannebière r.	12	47	M21 *S*
Cantagrel r.	13	57	P18 *S*
Cantal cour du	11	33	J18 *S*
Capitaine-Ferber r. du	20	35-36	G22-G23
Capitaine-Lagache r. du	17	6	C12-B12
Capitaine-Madon r. du	18	6	C12
Capitaine-Marchal r. du	20	23-35	G22
Capitaine-Ménard r. du	15	39	L6
Capitaine-Olchanski r. du	16	26-38	K4 *S*
Capitaine-Scott r. du	15	28	J7 *S*
Capitaine-Tarron r. du	20	36	G23 *S*
Caplat r.	18	20	D15
Caporal-Peugeot r. du	17	4	C7 *S*

Nom	Arrondissement	Plan n°	Repère
Chapelle av. de la	17	15	E6-D6
Chapelle bd de la		21-20	D17-D15
n^{os} impairs	10		
n^{os} pairs	18		
Chapelle cité de la	18	8	C16 S
Chapelle hameau de la	18	8	C16 N
Chapelle imp. de la	18	8	B16 S
Chapelle pl. de la	18	20	D16
Chapelle porte de la	18	8	A16
Chapelle r. de la	18	8	C16-A16
Chapon r.	3	32	H16-H15
Chappe r.	18	19-7	D14
Chaptal cité	9	19	E13-D13
Chaptal r.	9	19-18	E13-D12
Chapu r.	16	38	M4 N
Charbonnel r.	13	55	R14
Charbonnière r. de la	18	20	D16-D15
Charbonniers pass. des	15	41	L9-L10
Charcot r.	13	57	N18-P17
Chardin r.	16	28	H7-J7
Chardon-Lagache r.	16	38	L4-M3
Charente quai de la	19	10	B20-A19
Charenton porte de	12	59	P22
Charenton r. de	12	33-47	K18-N21
Charlemagne pass.	4	32	J16 S
Charlemagne r.	4	32	J16 S
Charles-Albert pass.	18	6	B12 N
Charles-Baudelaire r.	12	45-34	K18-K19
Charles-Bénard r.	12	47	L22
Charles-Bernard pl.	18	7	B14 S
Charles-Bertheau r.	13	57	R17
Charles-Bossut r.	12	46	L19 S
Charles-V r.	4	33-32	K17-J16
Charles-Cros r.	20	24	E23 S
Charles-Dallery pass.	11	34-33	J19-J18
Charles-de-Foucauld av.	12	47	N22
Charles-de-Gaulle pl.	8	16	F7-F8
Charles-Delescluze r.	11	34	K19 N
Charles-Dickens r.	16	27	J6
Charles-Dickens sq.	16	27	J6 N
Charles-Divry r.	14	42	N12
Charles-Dullin pl.	18	19	D14
Charles-et-Robert r.	20	36	K23-J23
Charles-Fillion pl.	17	5-6	C10-C11
Charles-Floquet av.	7	28	J7-K8
Charles-Fourier r.	13	56	R15-P15
Charles-Friedel r.	20	23	F21
Charles-Garnier pl.	9	18	F12 S
Charles-Gerhardt r.	17	5	D9 N
Charles-Girault av.	8	29	G10
Charles-Godon cité	9	19	E14
Charles-Hermite r.	18	9	A17
Charles-Lamoureux r.	16	15	G5 N
Charles-Laurent sq.	15	41	L9 S
Charles-Lauth r.	18	9	A17
Charles-Le-Goffic r.	14	54	R11
Charles-Lecocq r.	15	40	M7-M8
Charles-Luizet r.	11	33	H17
Charles-Marie-Widor r.	16	38	M3 N
Charles-Michels pl.	15	39	L6 N
Charles-Monselet r.	19	23	E22
Charles-Moureu r.	13	57-56	P17-P16
Charles-Nicolle r.	12	46	L20
Charles-Nodier r.	18	19-7	D14 N
Charles-Petit imp.	11	34	K19-K20
Charles-Renouvier r.	20	35	H21-H22
Charles-Risler av.	7	28	J8
Charles-Robin r.	10	21	E18 S
Charles-Tellier r.	16	38	M3
Charles-Tournemire r.	17	3	D6
Charles-Vallin pl.	15	41	N9 N
Charles-Weiss r.	15	41	N9
Charlot r.	3	32-33	H16-G17
Charmilles villa des	15	41-53	N9
Charolais pass. du	12	46	M20
Charolais r. du	12	46	M20-L19
Charonne bd de		47-34	K21-J20
n^{os} impairs	11		
n^{os} pairs	20		
Charonne r. de	11	33-35	K18-J21
Charras r.	9	18	F12
Charrière imp.	11	34	J19-K19
Chartière imp.	5	43	K14 S
Chartres r. de	18	20	D16-D15
Chartreux r. des	6	43	M13 N
Chassaigne-Goyon pl.	8	17	F10
Chasseloup-Laubat r.	15	41	K9-L9
Chasseurs av. des	17	5	C9 S
Chat-qui-Pêche r. du	5	31	K14 N
Château r. du	14	42	M11-N11
Château-d'Eau r. du	10	20	G16-F16
Château-des-Rentiers r.	13	57-56	R18-N16
Château-Landon r. du	10	21	E17-D17
Château-Rouge pl. du	18	8	C15 S
Chateaubriand r.	8	17-16	F9-F8
Châteaudun r. de	9	19	E14-E13
Châtelet pass.	17	6	B11-B12
Châtelet pl. du		32-31	J15-J14
n^{os} impairs	1		
n^{os} pairs	4		
Châtillon porte de	14	53	R10
Châtillon r. de	14	54	P11
Châtillon sq. de	14	54	P11 S
Chauchat r.	9	19	F13-F14
Chaudron r.	10	21	D17
Chaufourniers r. des	19	21	E18
Chaumont porte	19	11	D21 N
Chaumont r. de	19	21	D18 S
Chauré sq.	20	23-35	G22
Chaussée-d'Antin r. de la	9	19-18	F13-E12
Chaussin pass.	12	47	M22
Chausson imp.	10	21	F17-E17
Chauveau-Lagarde r.	8	18	F11 S
Chauvelot r.	15	52-53	P8-P9
Chazelles r. de	17	17	E9 N
Chemin-de-Fer r. du		10-11	A20-A21
n°s 1-13, 2-12 bis	19		
n°s 15-fin, 14-fin	Pantin		
Chemin-Vert pass. du	11	33	H18 S
Chemin-Vert r. du	11	33-34	J17-H20
Cheminets r. des	19	11	C21 S
Chêne-Vert cour du	12	33-45	K18
Chénier r.	2	20	G15 N
Cher r. du	20	35	H22-G21
Cherbourg r. de	15	53	N9-P9
Cherche Midi r. du		30-42	K12-L11
n°s 1-121, 2-130	6		
n°s 123-fin, 132-fin	15		
Chéreau r.	13	56	P15 S
Chernoviz r.	16	27	J6 N
Chéroy r. de	17	18	D11 S
Chérubini r.	2	19-31	G13
Cheval-Blanc pass. du	11	33	J18-K18
Chevaleret r. du	13	58-45	R19-N17

20

Nom	Arrondissement	Plan n°	Repère
Colonel-Domine r. du	13	56	R16-S16
Colonel-Driant r. du	1	31	H14-H13
Colonel-Fabien pl. du		21	E18-E17
nos impairs	10		
nos pairs	19		
Colonel-Manhès r. du	17	6	B11
Colonel-Moll r. du	17	16	E7
Colonel-Monteil r. du	14	53	P9 S
Colonel-Oudot r. du	12	47-48	N22-M23
Colonel-Rozanoff r. du	12	46	L20
Colonels-Renard r. des	17	16	E7
Colonie r. de la	13	55-56	R14-R15
Colonnes r. des	2	19	G13 N
Colonnes-du-Trône r. des	12	47	L21
Combattants-en-Afrique-du-Nord pl. des	12	45	L18
Comète r. de la	7	29	H9-J9
Commaille r. de	7	30	K12-K11
Commandant-Charles-Martel pass.	17	18	D11
Commandant-Guilbaud r. du	16	37	M2
Commandant-Lamy r. du	11	33	J18
Commandant-Léandri r. du	15	40	M7
Commandant-L'Herminier r. du	20	48	L24-K24
Commandant-Marchand r. du	16	15	E6 S
Commandant-Mortenol r. du	10	21	E17
Commandant-René-Mouchotte r. du		42	M11
nos impairs	14		
nos pairs	15		
Commandant-Rivière r. du	8	17	F10-F9
Commandant-Schlœsing r. du	16	27	H6
Commanderie bd de la	19	10	A20
Commandeur r. du	14	54	P12
Commerce imp. du	15	40	L7
Commerce pl. du	15	40	L7
Commerce r. du	15	40	K8-L7
Commerce St-André cour	6	31	J13-K13
Commerce-St-Martin pass.	3	32	H15
Commines r.	3	33	H17
Compans r.	19	23-22	E21-D20
Compiègne r. de	10	20	E15 N
Compoint imp.	17	6	C11 N
Comtesse-de-Ségur allée	8	17	E9-E10
Concorde pl. de la	8	30	G11 S
Concorde pont de la	8	30	H11 N
Concorde port de la	8	30	H11 N
de Condé r.	6	31-43	K13
Condillac r.	11	34	H19 N
Condorcet cité	9	19	E14 N
Condorcet r.	9	20-19	E15-E14
Conférence port de la	8	29	H9 N
Confiance imp. de la	20	35	J21-J22
Congo r. du	12	46	M20 N
Conseiller-Collignon r. du	16	27	H5 S
Conservatoire r. du	9	19	F14
Constance r.	18	7	D13 N
Constant-Berthaut r.	20	22	F20 N
Constant-Coquelin av.	7	41-42	K10-K11
Constantin-Brancusi pl.	14	42	M11 S
Constantin-Pecqueur pl.	18	7	C13
Constantine r. de	7	29	H10-J10
Constantinople r. de	8	18-17	E11-D10
Conté r.	3	32	G16 S
de Conti imp.	6	31	J13
de Conti quai	6	31	J14-J13
Contrescarpe pl. de la	5	44	L15
Convention r. de la	15	39-40	L5-N8
Conventionnel-Chiappe r.	13	57	S17 N
Copenhague r. de	8	18	E11 N
Copernic r.	16	16-15	G7-G6
Copernic villa	16	16	F7-G7
Copreaux r.	15	41	L9-M9
Coq av. du	9	18	E12-F12
Coq cour du	11	33	H17 S
Coq-Héron r.	1	31	H14-G14
Coquillière r.	1	31	H14-G14
Corbera av. de	12	46	L19
Corbineau r.	12	46	M19
Corbon r.	15	41	N9 N
Cordelières r. des	13	44	N15
Corderie r. de la	3	33	G17 S
Cordon-Boussard imp.	20	35	G21 S
Corentin-Cariou av.	19	10	B19-B20
Coriolis r.	12	46	N20-M20
Corneille imp.	16	38	L3
Corneille r.	6	43	K13 S
Corot r.	16	38	L4 N
Corot villa	14	55	R14 S
Corrèze r. de la	19	23	D21
Corse quai de la	4	32-31	J15-J14
Cortambert r.	16	27	H6-H5
Cortot r.	18	7	C14 S
Corvetto r.	8	17	E10
Corvisart r.	13	43-56	N14-P15
Cossonnerie r. de la	1	32	H15
Costa-Rica pl. de	16	27	J6 N
Cotentin r. du	15	41	M10
Cothenet r.	16	15	G5-F5
Cottages r. des	18	7	C13 N
de Cotte r.	12	45-34	K18-K19
Cottin pass.	18	7	C14 S
Couche r.	14	54	P12 S
du Couëdic r.	14	55-54	P13-P12
Coulmiers r. de	14	54	R12-R11
Cour-des-Noues r. de la	20	35	H22-H21
Courat r.	20	35	J22
Courcelles bd de		17-16	D10-E8
nos impairs	8		
nos pairs	17		
Courcelles porte de	17	4	C7-C8
Courcelles r. de		17-4	F10-C7
nos 1-11, 2-94	8		
nos 79-fin, 96-fin	17		
Cournot r.	15	40	M7
Couronnes r. des	20	22	G19-F20
Courtalon r.	1	32	H15 S
Courteline av.	12	48	L23-L24
Courtois pass.	11	34	J20 N
Courty r. de	7	30	H11
Coustou r.	18	19	D13
Coutellerie r. de la	4	32	J15 N
Coutures-St-Gervais r. des	3	33-32	H17-H16
Couvent cité du	11	34	J19 S
Coypel r.	13	44	N16 S
Coysevox r.	18	6	C12 N
Crébillon r.	6	31-43	K13
Crèche r. de la	17	5	C9
Crédit-Lyonnais imp. du	13	55	R14 S

Nom	Arrondissement	Plan n°	Repère
Crémieux r.	12	45	L18N
Crespin-du-Gast r.	11	34	G19 *S*
Cretet r.	9	19	D14 *S*
Crevaux r.	16	15	F6 *S*
Crillon r.	4	45-33	K17 *S*
Crimée pass. de	19	9	B18 *S*
Crimée r. de	19	22-9	E20-B18
Crins imp. des	20	35	J21 *S*
Cristino-Garcia r.	20	36-48	K23
Crocé-Spinelli r.	14	41	N10 *N*
Croisic sq. du	15	42	L11
Croissant r. du	2	19	G14 *N*
Croix-des-Petits-Champs r.	1	31	H13-G14
Croix-Faubin r. de la	11	34	J20 *N*
Croix-Jarry r. de la	13	58	P19
Croix Moreau r. de la	18	9	B 17
Croix-Nivert r. de la	15	40	L8-N7
Croix-Nivert villa	15	40	L8
Croix-Rouge carr. de la	6	30	K12 *N*
Croix-St-Simon r. de la	20	35-36	J22-23

Nom	Arrondissement	Plan n°	Repère
Cronstadt r. de	15	41-40	N9-N8
Cronstadt villa de	19	22	E20-D20
Croulebarbe r. de	13	44-56	N15
Crozatier imp.	12	46	K19 *S*
Crozatier r.	12	46	L19-K19
Crussol cité de	11	33	H17 *N*
Crussol r. de	11	33	H17-G18
Cugnot r.	18	9	C17-B17
Cujas r.	5	43	L14-K14
Cunin-Gridaine r.	3	32	G15 *S*
Curé imp. du	18	8	C16 *N*
Cure r. de la	16	26	J4-K4
Curial r.	19	9-10	B18-B19
Curial villa	19	9	C17-C18
Curnonsky r.	17	4	C8
Custine r.	18	8-7	C15-C14
Cuvier r.	5	44	L16
Cygne r. du	1	32	H15 *N*
Cygnes allée des	15	27	K6-J6
Cyrano-de-Bergerac r.	18	7	C14

d

Nom	Arrondissement	Plan n°	Repère
Dagorno pass.	20	35	J22
Dagorno r.	12	47	L21-L22
Daguerre r.	14	42	N12-N11
Dahomey r. du	11	34	K19
Dalayrac r.	2	19-31	G13
Dalloz r.	13	57	R18 *S*
Dalou r.	15	41	L10 *S*
Dames r. des	17	6-17	D12-D10
Damesme imp.	13	56	R16
Damesme r.	13	56	P16-R16
Damiette r. de	2	20-32	G15
Damoye cour	11	33	J18 *S*
Dampierre r.	19	10	B19
Damrémont r.	18	7	C13-B13
Damrémont villa	18	7	B13
Dancourt r.	18	19	D14
Dancourt villa	18	19	D14
Dangeau r.	16	26	K4 *N*
Daniel-Lesueur av.	7	41-42	L10-K11
Daniel-Stern r.	15	28	K8-K7
Daniel-Templier parvis	14	42	M11
Danielle-Casanova r.		19-18	G13-G12
n°s impairs	1		
n°s pairs	2		
Dante r.	5	31	K14
Danton r.	6	31	K14 *N*
Dantzig pass. de	15	52	N8 *S*
Dantzig r. de	15	40-52	N8-P8
Danube hameau du	19	23	D21 *S*
Danube villa du	19	23	D21 *S*
Danville r.	14	42	N12
Dany imp.	8	18	E11
Darboy r.	11	21	G18 *N*
Darcet r.	17	18	D12-D11
Darcy r.	20	23	G22-F22
Dardanelles r. des	17	15	D6
Dareau pass.	14	55	P13 *N*
Dareau r.	14	55	N13-P13
Darius-Milhaud allée	19	22-11	D20-D21

Nom	Arrondissement	Plan n°	Repère
Darmesteter r.	13	57	R18
Daru r.	8	16-17	E8-E9
Darwin r.	18	7	C14-C13
Daubenton r.	5	44	M16-M15
Daubigny r.	17	5-17	D9 *N*
Daumesnil av.	12	45-48	K18-N24
Daumesnil villa	12	47	M22 *S*
Daumier r.	16	38	M3
Daunay pass.	18	6	B12
Daunou r.	2	19-18	G13-F12
Dauphine pass.	6	31	J13 *S*
Dauphine pl.	1	31	J14
Dauphine porte	16	15	F5
Dauphine r.	6	31	J14-J13
Dautancourt r.	17	6	C11-C12
Daval r.	11	33	J18 *S*
David-d'Angers r.	19	22-23	D20-D21
David-Weill av.	14	55	R13 *S*
Daviel r.	13	55	P14
Daviel villa	13	55	P14S
Davioud r.	16	26	J4
Davout bd	20	48-36	L23-H23
Davy r.	17	6	C12-C11
Débarcadère r. du	17	16-15	E7-E6
Debelleyme r.	3	33	H17
Debergue cité	12	47	L22
Debidour av.	19	23	D21 *S*
Debille cour	11	34	J19
Debilly passerelle	16	28	H8
Debilly port	16	28	H8-H7
Debrousse r.	16	28	H8-G8
Decamps r.	16	27	G6-H5
Déchargeurs r. des	1	31	H14 *S*
Decrès r.	14	41	N10 *S*
Défense imp. de la	18	6	D12 *N*
Degas r.	16	39	K5 *S*
Degrés r. des	2	20	G15 *N*
Deguerry r.	11	21	G18

Nom	Arrondissement	Plan n°	Repère
Dejean r.	18	8	C15 *S*
Delaître r.	20	22-34	G20
Delaizement r.	17	15	D6
Delambre r.	14	42	M12 *N*
Delambre sq.	14	42	M12 *N*
Delanos pass.	10	20	E16
Delaunay imp.	11	34	J20
Delbet r.	14	54	P11 *N*
Delcassé av.	8	17	F10
Delecourt av.	15	40	L7 *N*
Delépine cour	11	33	J18 *S*
Delépine imp.	11	34	K20-J20
Delessert bd	16	28-27	H7-J6
Delessert pass.	10	21	E17
Delesseux r.	19	10	C20
Deligny imp.	17	6	B11 *N*
Deloder villa	13	56	R16
Delouvain r.	19	22	E20 *S*
Delta r. du	9	20	D15 *N*
Demarquay r.	10	20	E16-D16
Denain bd de	10	20	E15
Denfert-Rochereau av.	14	43	M13-N13
Denfert-Rochereau r.	14	42-43	N12-N13
Denis-Poisson r.	17	16	E7 *S*
Dénoyez r.	20	22	F19
Denys-Cochin pl.	7	29	H9-H10
Déodat-de-Séverac r.	17	5	D10 *N*
Depaquit pass.	18	7	C13 *S*
Deparcieux r.	14	42	N12 *N*
Départ r. du		42	L11-M11
nos impairs	14		
nos pairs	15		
Département r. du		9-8	D17-C16
nos 1-19 ter, 2-18	19		
nos 21-fin, 20-fin	18		
Desaix r.	15	28	J8-K7
Desaix sq.	15	28	K7 *N*
Desargues r.	11	21	G18 *N*
Désaugiers r.	16	38	L4 *N*
Desbordes-Valmore r.	16	27	H5
Descartes r.	5	44	L15
Descombes r.	17	16	D7 *N*
Descos r.	12	46	M20 *N*
Desgenettes r.	7	29	H9-H10
Desgrais pass.	19	9	C18 *N*
Deshayes villa	14	53	P10 *S*
Désir pass. du	10	20	F16
Désiré-Ruggieri r.	18	7	B13
Désirée r.	20	34	H20-G20
Desnouettes r.	15	40-39	N7-N6
Desnouettes sq.	15	39	N6
Despréaux av.	16	38	L3
Desprez r.	14	41	N10
Dessous-des-Berges r. du	13	57	R18-P18
Deux-Anges imp. des	6	31	J13
Deux-Avenues r. des	13	56	P16
Deux-Boules r. des	1	31	H14 *S*
Deux-Cousins imp. des	17	16	D7 *N*
Deux-Écus pl. des	1	31	H14 *N*
Deux-Gares r. des	10	20	E16
Deux-Nèthes imp. des	18	6	D12 *N*
Deux-Pavillons pass. des	1	31	G13 *S*
Deux-Ponts r. des	4	32	K16
Deux-Sœurs pass. des	9	19	F14 *N*
Devéria r.	20	23	F21
Dhuys r. de la	20	23-35	G22
Diaghilev pl.	9	18	F12
Diane-de-Poitiers allée	19	22	F19
Diapason sq.	19	10	C 20
Diard r.	18	7	C14 *N*
Diderot bd	12	45-47	L17-K21
Diderot cour	12	45	L18
Didot porte	14	53	P10
Didot r.	14	42-53	N11-P10
Dietz-Monnin villa	16	38	M3
Dieu pass.	20	35	J22
Dieu r.	10	21	F17 *S*
Dieudonné-Costes r.	13	57	R18-R17
Dieulafoy r.	13	56	R16-R15
Dijon r. de	12	46	N19-N20
Disque r. du	13	57	R17
18-Juin-1940 pl. du	6	42	L11
Dixmude bd de	17	15	D6
Dobropol r. du	17	15	D6
Dr-Alfred-Fournier pl. du	10	21	F17
Dr-Antoine-Béclère pl.	12	34-46	K19
Dr-Arnold-Netter av. du	12	47	M22-L22
Dr-Babinski r. du	18	7-6	A13-A12
Dr-Blanche r. du	16	26	J4-K3
Dr-Blanche sq. du	16	26	K4 *N*
Dr-Bourneville r. du	13	56	S16
Dr-Brouardel av. du	7	28	J8
Dr-Calmette sq. du	15	52	P 8
Dr-Charles-Richet r. du	13	57	N17 *S*
Dr-Félix-Lobligeois pl. du	17	6	C11 *S*
Dr-Finlay r. du	15	27-28	K6-K7
Dr-Germain-Sée r. du	16	27	K6-J5
Dr-Gley av. du	20	24	E23
Dr-Goujon r. du	12	47	M21
Dr-Hayem pl. du	16	27	K5 *N*
Dr-Heulin r. du	17	6	C11
Dr-Jacquemaire-Clemenceau r. du	15	40	L8-M8
Dr-Jacques-Bertillon imp. du	8	28-16	G8
Dr-Labbé r. du	20	24	G23 *N*
Dr-Lamaze r. du	19	9	C18
Dr-Lancereaux r. du	8	17	E10-F9
Dr-Landouzy r. du	13	56	R15
Dr-Lannelongue av. du	14	54	S12 *N*
Dr-Laurent r. du	13	56	R16 *N*
Dr-Lecène r. du	13	56	R15
Dr-Leray r. du	13	56	R16-R15
Dr-Lucas-Championniere r. du	13	56	R15-R16
Dr-Magnan r. du	13	56	P16 *S*
Dr-Navarre pl. du	13	57	P17
Dr-Paquelin r. du	20	23	G22 *N*
Dr-Paul-Brousse r. du	17	6	B11
Dr-Paul-Michaux pl. du	16	37	M2
Dr-Potain r. du	19	23	E21 *S*
Dr-Roux r. du	15	41	M10
Dr-Tuffier r. du	13	56	R16-R15
Dr-Victor-Hutinel r. du	13	57	N17 *S*
Dr-Yersin r. du	13	57	R18 *S*
Drs-Déjerine r. des	20	36	J23
Dode-de-la-Brunerie av.	16	38	N3 *N*
Doisy pass.	17	16	E7
Dolomieu r.	5	44	L15 *S*
Domat r.	5	32-31	K15-K14
Dombasle imp	15	40	N8
Dombasle pass.	15	40	N8 *N*

Nom	Arrondissement	Plan n°	Repère
Ernest-Reyer av.	14	54	R11
Ernest-Roche r.	17	6	B11
Ernestine r.	18	8	C15
Escadrille-Normandie-Niemen pl. de l'	13	57	N18
Escaut r. de l'	19	9	B18 S
Esclangon r.	18	7	B14 N
Escoffier r.	12	59	P21 S
Espérance r. de l'	13	56-55	P15-R14
Esquirol r.	13	44	N16
Essai r. de l'	5	44	M16
Est r. de l'	20	23	F21 S
Este villa d'	13	57	R17
Esterel sq. de l'	20	48	K23 S
d'Estienne-d'Orves pl.	9	18	E12 S
Estrapade pl. de l'	5	43	L14
Estrapade r. de l'	5	44-43	L15-L14
d'Estrées r.	7	29	K10-K9
États-Unis pl. des	16	16	G7-G8
Etex r.	18	6	C12
Etex villa	18	6	C12
Étienne-Delaunay pass.	11	35	J21
Étienne-Dolet r.	20	22-34	G19-G20
Étienne-Jodelle r.	18	6	C12 S
Étienne-Marcel r.		32-31	H15-G14
nos impairs	1		
nos pairs	2		
Étienne-Marey r.	20	23-35	G22
Étienne-Marey villa	20	23-35	G22
Étienne-Pernet pl.	15	40	L7 S
Étoile r. de l'	17	16	E8 S
Étoile-d'Or cour de l'	11	33	K18 N
Eugène-Atget r.	13	56	P15
Eugène-Beaudoin pass.	16	26	J4

Nom	Arrondissement	Plan n°	Repère
Eugène-Carrière r.	18	6-7	C12-B13
Eugène-Delacroix r.	16	27	H5 N
Eugène-Flachat r.	17	4	C8 S
Eugène-Fournière r.	18	7	A14 S
Eugène-Gibez r.	15	40	N7-N8
Eugène-Jumin r.	19	11-10	D21-C20
Eugène-Labiche r.	16	26	H4
Eugène-Leblanc villa	19	23	E21 N
Eugène-Manuel r.	16	27	H6 S
Eugène-Manuel villa	16	27	H6 S
Eugène-Millon r.	15	40	M7 S
Eugène-Oudiné r.	13	57	P18-R18
Eugène-Pelletan r.	14	42	N12 N
Eugène-Poubelle r.	16	27	K5
Eugène-Reisz r.	20	36	J23
Eugène-Spuller r.	3	32-33	H16-G17
Eugène-Sue r.	18	7-8	C14-C15
Eugène-Varlin r.	10	21	E17
Eugénie-Cotton r.	19	23	E21
Eugénie-Eboué r.	12	46	L20
Eugénie-Legrand r.	20	35	H21
Euler r.	8	16	F8 S
Eupatoria r. d'	20	22	G20 N
Eure r. de l'	14	42-54	N11 S
Europe pl. de l'	8	18	E11
Euryale-Dehaynin r.	19	10	D19 N
Évangile r. de l'	18	8-9	C16-B18
Evariste-Galois r.	20	24	F23
Eveillard imp.	20	35	G22 S
Evette r.	19	10	C19
Exelmans bd	16	38	M4-L3
Exelmans hameau	16	38	L3 S
Exposition r. de l'	7	29	J9 N
Eylau av. d'	16	27	H6-G6
Eylau villa d'	16	16	F7 S

f

Nom	Arrondissement	Plan n°	Repère
Fabert r.	7	29	H10-J10
Fabre-d'Églantine r.	12	47	L21 N
Fabriques cour des	11	33	G18
Fagon r.	13	44-56	N16 S
Faidherbe r.	11	34	K19-J19
Faisanderie r. de la	16	15-27	F5-G5
Falaise cité	18	7	B13 N
Falaises villa des	20	35	G22
Falconet r.	18	7	C14 S
Falguière cité	15	41	M10 N
Falguière pl.	15	41	N10 N
Falguière r.	15	42-41	L11-M10
Fallempin r.	15	40	K7 S
Fantin-Latour r.	16	38	M4
Faraday r.	17	16	D7 S
Faubourg-du-Temple r. du		21	G17-F18
nos impairs	10		
nos pairs	11		
Faubourg-Montmartre r. du	9	19	F14-E13
Faubourg-Poissonnière r. du		20	F15-D15
nos impairs	9		
nos pairs	10		

Nom	Arrondissement	Plan n°	Repère
Faubourg-St-Antoine r. du		33-47	K18-K21
nos impairs	11		
nos pairs	12		
Faubourg-St-Denis r. du	10	20	F15-D16
Faubourg-St-Honoré r. du	8	18-16	G11-E8
Faubourg-St-Jacques r. du	14	43	M13-N13
Faubourg-St-Martin r. du	10	20-21	G16-D17
Faucheur villa	20	22	F20
Fauconnier r. du	4	32	K16-J16
Faustin-Hélie r.	16	27	H5 S
Fauvet r.	18	6	C12
Favart r.	2	19	F13 S
Favorites r. des	15	41	M9
Fécamp r. de	12	47	N21-M22
Fédération r. de la	15	28	J7-K8
Federico-Garcia-Lorca allée	1	31	H14
Félibien r.	6	31	K13 N
Félicien-David r.	16	27-39	K5 S
Félicien-Rops av.	13	56	S15 N
Félicité r. de la	17	5	D9-C10
Félix d'Hérelle av.	16	37	N2 N
Félix-Eboué pl.	12	47	M21
Félix-Faure av.	15	40-39	L7-M5

Nom	Arrondissement	Plan n°	Repère
Félix-Faure r.	15	39	M6
Félix-Faure villa	19	23	E21 N
Félix-Huguenet r.	20	47	K22 S
Félix-Pécaut r.	17	6	B12
Félix-Terrier r.	20	36	J23 N
Félix-Voisin r.	11	34	J20 N
Félix-Ziem r.	18	7	C13
Fénélon cité	9	19	E14
Fénelon r.	10	20	E15
Fenoux r.	15	40	M8
Fer-à-Moulin r. du	5	44	M16-M15
Ferdinand-Brunot pl.	14	42-54	N12 S
Ferdinand-Buisson av.	16	37	N2-M2
Ferdinand-de-Béhagle r.	12	59	N21 S
Ferdinand-Duval r.	4	32	J16
Ferdinand-Fabre r.	15	40	M8
Ferdinand-Flocon r.	18	7	C14 N
Ferdinand-Gambon r.	20	35	K22-J22
Ferdousi av.	8	17	E9
Férembach cité	17	16	E7
Fermat pass.	14	42	N12-M11
Fermat r.	14	42	N12 N
Ferme-St-Lazare cour	10	20	E16-E15
Ferme-St-Lazare pass.	10	20	E16 S
Fermes cour des	1	31	H14 N
Fermiers r. des	17	5	C10 S
Fernand-Cormon r.	17	5-4	C9-C8
Fernand-de-la-Tombelle sq.	17	5-17	D10
Fernand-Forest pl.	15	39	K6
Fernand-Foureau r.	12	48	L23 N
Fernand-Holweck r.	14	41	N10
Fernand-Labori r.	18	7	A14 S
Fernand-Léger r.	20	34	H20 N
Fernand-Pelloutier r.	17	6	A11 S
Fernand-Widal r.	13	56	S16 N
Férou r.	6	43	K13
Ferronnerie r. de la	1	32-31	H15-H14
Ferrus r.	14	55	N14-P14
Fessart r.	19	22	E20-E19
Fêtes pl. des	19	23	E21 S
Fêtes r. des	19	22	E20
Feuillantines r. des	5	43	M14-L14
Feutrier r.	18	7	D14-C14
Feydeau galerie	2	19	F14 S
Feydeau r.	2	19	F14-G13
Fidélité r. de la	10	20	F16 N
Figuier r. du	4	32	J16 S
Filles-du-Calvaire bd des		33	H17
n°s impairs	3		
n°s pairs	11		
Filles-du-Calvaire r. des	3	33	H17
Filles-St-Thomas r. des	2	19	G13 N
Fillettes imp. des	18	9	A17
Fillettes r. des	18	9	B17
Finlande pl. de	7	29	H10
Firmin-Gémier r.	18	6	B12
Firmin-Gillot r.	15	40-52	N7 S
Fizeau r.	15	53	N9-P9
Flandre pass. de	19	9	C18 S
Flandre r. de	19	9-10	D17-B19
Flandrin bd	16	27-15	G5-F5
Flatters r.	5	43	M14 S
Fléchier r.	9	19	E13 S
Fleurs cité des	17	6	C11-B11
Fleurs quai aux	4	32	K15-J15
Fleurus r. de	6	42	L12 N
Fleury r.	18	20	D15
Florale cité	13	55	R14
Flore villa	16	26-38	K4
Floréal r.	17	6	A11
Florence r. de	8	18	D12 S
Florence-Blumenthal r.	16	27-39	K5
Florentine cité	19	22	E20
Florentine-Estrade cité	16	38	L4 N
Florian r.	20	35	J22-H22
Florimont imp.	14	53	N10 S
Flourens pass.	17	6	B12 N
Foch av.	16	16-15	F7-F5
Foin r. du	3	33	J17
Folie-Méricourt r. de la	11	33-21	H18-G17
Folie-Regnault pass.	11	34	H20
Folie-Regnault r. de la	11	34	J20-H20
Fondary r.	15	40	K7-L8
Fondary villa	15	40	L8 N
Fonderie pass. de la	11	33	G18
Fonds-Verts r. des	12	46	M20 S
Fontaine r.	9	19	E13-D13
Fontaine-à-Mulard r. de la	13	56	R15
Fontaine-au-Roi r. de la	11	21-22	G17-G19
Fontaine-aux-Lions pl. de la	19	10-11	C20-C21
Fontaine-du-But r. de la	18	7	C13
Fontainebleau allée de	19	10-11	D20
Fontaines-du-Temple r. des	3	32	G16 S
Fontarabie r. de	20	35	J22 N
Fontenay villa de	19	22	E20 N
Fontenoy pl. de	7	29	K9
Forceval r.	19	10	A20
Forest r.	18	6	D12 N
Forez r. du	3	33	H17 N
Forge-Royale r. de la	11	34	K19
Forges r. des	2	20-32	G15
Fort-de-Vaux bd du	17	5-4	B9-B8
Fortin imp.	8	17	F9
Fortuny r.	17	17	D9 S
Forum-des-Halles	1	31	H14
Arc-en-Ciel r. de l'			
Basse pl.			
Basse r.			
Berger porte			
Bons-Vivants r. des			
Boucle r. de la			
Boule r. de la			
Brève r.			
Equerre-d'Argent r. de l'			
Grand-Balcon			
Lescot porte			
Oculus r. de l'			
Orient-Express r. de l'			
Pirouette r.			
Pont-Neuf porte			
Poquelin r.			
Rambuteau porte			
Réale pass. de la			
St-Eustache balcon			
Verrières pass. des			
Fossés-St-Bernard r. des	5	44	K16-L15
Fossés-St-Jacques r. des	5	43	L14
Fossés-St-Marcel r. des	5	44	M16
Fouarre r. du	5	32	K15
Foubert pass.	13	56	R15-P15

Nom	Arrondissement	Plan n°	Repère
Foucault r.	16	28	H8 *N*
Fougères r. des	20	24	F23
Four r. du	6	31-30	K13-K12
Fourcade r.	15	40	M8 *S*
Fourcroy r.	17	16	E8-D8
Fourcy r. de	4	32	J16 *S*
Fourneyron r.	17	6	C11
Fours-à-Chaux pass. des	19	21	E18
Foyatier r.	18	19	D14
Fragonard r.	17	5-6	B10-B11
Franc-Nohain r.	13	57	R18 *S*
Française r.		32	H15-G15
nos 1-5, 2-6	1		
nos 7-fin, 8-fin	2		
Franche-Comté r. de	3	33	G17 *S*
Franchemont imp.	11	34	J19 *S*
Francis-Carco r.	18	8	C16
Francis-de-Croisset r.	18	7	A14
Francis-de-Miomandre r.	13	56	S15
Francis-de-Pressensé r.	14	41	N10
Francis-Garnier r.	17	6	A12 *S*
Francis-Jammes r.	10	21	E17
Francis-Picabia r.	20	22	F19-G19
Francis-Poulenc sq.	6	43	K13 *S*
Francisque-Gay r.	6	31	K14 *N*
Francisque-Sarcey r.	16	27	H6 *S*
Franco-Russe av.	7	28	H8
Francœur r.	18	7	C14
François-Bonvin r.	15	41	L9
François-Coppée r.	15	40	M7
François-de-Neufchâteau r.	11	34	J19
François-Gérard r.	16	38	K4 *S*
François-Millet r.	16	27	K5
François-Miron r.	4	32	J15-J16
François-Mouthon r.	15	40	M7
François-Pinton r.	19	22	D20 *S*
François-Ponsard r.	16	27	J5-H5
François-1er pl.	8	29	G9 *S*
François-1er r.	8	29-16	G9-F8
François-Villon r.	15	40	M8 *S*
Francs-Bourgeois r. des		33-32	J17-H16
nos impairs	4		
nos pairs	3		

Nom	Arrondissement	Plan n°	Repère
Franklin-D.-Roosevelt av.	8	29-17	G10-F10
Franquet r.	15	41	N9
Franqueville r. de	16	27-26	H5-H4
Franz-Liszt pl.	10	20	E15
Fraternité r. de la	19	23	D21 *S*
Frédéric-Bastiat r.	8	17	F9
Frédéric Brunet r.	17	6	A12 *S*
Frédéric-Le-Play av.	7	29	J9 *S*
Frédéric-Loliée r.	20	47	K22 *S*
Frédéric-Magisson r.	15	40	L7-M7
Frédéric-Mistral r.	15	39	M6
Frederic Mistral villa	15	39	M 6
Frédéric-Mourlon r.	19	23	E21-E22
Frédéric-Sauton r.	5	32	K15
Frédéric-Schneider r.	18	7	A13 *S*
Frédéric-Vallois sq.	15	41	N9 *N*
Frédérick-Lemaître r.	20	22-23	F20-F21
Frémicourt r.	15	40	L8-K8
Frémiet av.	16	27	J6 *N*
Fréquel pass.	20	35	J22
Frères-d'Astier-de-la-Vigerie r. des	13	57	R17
Frères-Flavien r. des	20	24	F23-E23
Frères-Morane r. des	15	40	L7-M7
Frères-Périer r. des	16	28	H8-G8
Frères-Voisin allée des	15	50-51	P4-P5
Frères-Voisin bd des	15	50-51	P4-P5
Fresnel r.	16	28	H8-H7
Freycinet r.	16	28	G8 *S*
Friant r.	14	54	P12-R11
Friedland av. de	8	17-16	F9-F8
Frochot av.	9	19	E13-D13
Frochot r.	9	19	E13-D13
Froidevaux r.	14	42	N12-M11
Froissart r.	3	33	H17
Froment r.	11	33	J18 *N*
Fromentin r.	9	19	D13 *S*
Fructidor r.	17	6	A12
Fulton r.	13	45	M18 *S*
de Furstenberg r.	6	31	J13 *S*
Furtado-Heine r.	14	54	P11 *N*
Fustel-de-Coulanges r.	5	43	M13-M14

g

Nom	Arrondissement	Plan n°	Repère
Gabon r. du	12	48	L23
Gabriel av.	8	30-17	G11-G10
Gabriel villa	15	42	L11 *S*
Gabriel-Fauré sq.	17	17-5	D10
Gabriel-Lamé r.	12	46	N20 *N*
Gabriel-Laumain r.	10	20	F15
Gabriel-Péri pl.	8	18	F11 *N*
Gabriel-Vicaire r.	3	32	G16 *S*
Gabrielle r.	18	7	D14-D13
Gabrielle-d'Estrées allée	19	22	F19
Gaby-Sylvia r.	11	33	J18-H18
Gager-Gabillot r.	15	41	M9 *S*
Gagliardini villa	20	23	F22-E22
Gaillon pl.	2	19	G13 *N*
Gaillon r.	2	19	G13 *N*

Nom	Arrondissement	Plan n°	Repère
Gaîté imp. de la	14	42	M11-M12
Gaîté r. de la	14	42	M11
Galande r.	5	32-31	K15-K14
Galilée r.		16	G7-F8
nos 1-53, 2-50	16		
nos 55-fin, 52-fin	8		
Galleron r.	20	35	J22-H22
Galliera r. de	16	28	G8 *S*
Galvani r.	17	16	D7
Gambetta av.	20	34-23	H20-E22
Gambetta pass.	20	23	F22
Gambetta pl.	20	35	G21 *S*
Gambey r.	11	33	G18 *S*
Gandon r.	13	56	R16-S16
Ganneron pass.	18	6	C 12

Nom	Arrondissement	Plan n°	Repère
Ganneron r.	18	6	D12-C12
Garancière r.	6	31-43	K13
Gardes r. des	18	8	D15-C15
Gare port de la	13	46-45	N19-M18
Gare porte de la	13	58	P19-20
Gare quai de la	13	58-45	P19-M18
Gare r. de la	19	9	A18
Gare-de-Reuilly r. de la	12	47	M21-L21
Garibaldi bd	15	41	L9
Garigliano pont du	16	38	M4
Garnier villa	15	42	L11
Garreau r.	18	7	D13 N
Gascogne sq. de la	20	36	J23 S
Gasnier-Guy r.	20	35	G21 S
Gassendi r.	14	42	N12
Gaston-Bachelard allée	14	53	P10
Gaston-Bertandeau sq.	17	16	E7
Gaston-Boissier r.	15	52	P8-P7
Gaston-Couté r.	18	7	C14
Gaston-Darboux r.	18	9	A18-A17
Gaston-de-Caillavet r.	15	39	K6
Gaston-de-St-Paul r.	16	28	H8-G8
Gaston-Pinot r.	19	22	D20
Gaston-Tessier r.	19	9	B18
Gaston-Tissandier r.	18	9	A17
Gatbois pass.	12	46	L19
Gâtines r. des	20	35	G21 S
Gaudelet imp.	11	34	G19 S
Gauguet r.	14	55	P13 S
Gauguin r.	17	4	C8
Gauthey r.	17	6	C11-B11
Gauthier pass.	19	22	F19-E19
Gavarni r.	16	27	J6-H6
Gay-Lussac r.	5	43	L14-M14
Gazan r.	14	55	R14
Geffroy-Didelot pass.	17	17	D10-D11
Général-Anselin r. du	16	15	E5-F5
Général-Appert r. du	16	15	G5 N
Général-Archinard r. du	12	48	M23
Général-Aubé r. du	16	27	J5
Général-Balfourier av. du	16	38	L3
Général-Baratier r. du	15	28	K8
Général-Bertrand r. du	7	41	K10-L10
Général-Beuret pl. du	15	41	M9 N
Général-Beuret r. du	15	41-40	M9-M8
Général-Blaise r. du	11	34	H19
Général-Brocard pl. du	8	17	E9
Général-Brunet r. du	19	22-23	E20-D21
Général-Camou r. du	7	28	H8 S
Général-Catroux pl. du	17	17	D10-D9
Général-Clavery av. du	16	38	N3 N
Général-Clergerie r. du	16	15	G6-F6
Général-Cochet pl. du	19	11	D21 N
Général-de-Castelnau r. du	15	28-40	K8
Général-de-Langle-de-Cary r. du	12	59-58	P21-P20
Général-de-Larminat r. du	15	28	K8
Général-de-Maud'huy r. du	14	53	R10 N
Général-Delestraint r. du	16	38-37	L3-M2
Général-Détrie av. du	7	28	J8-K8
Général-Dodds av. du	12	47	N22
Général-Dubail av. du	16	26	J4 S
Général-Eisenhower av. du	8	29	G10
Général-Estienne r. du	15	39	L6
Général-Ferrié av. du	7	28	J8
Général-Foy r. du	8	18-17	E11-E10
Général-Gouraud pl. du	7	28	J8 N
Général-Grossetti r. du	16	38	M3 S
Général-Guilhem r. du	11	34	H19
Général-Guillaumat r. du	15	52	P7
Général-Henrys r. du	17	6	B12 N
Général-Humbert r. du	14	53	P9 S
Général-Ingold pl. du	19	21	F18-F19
Général-Koenig r. du	17	15	D6-E6
Général-Lambert r. du	7	28	J8-J7
Général-Langlois r. du	16	27	H5 N
Général-Lanrezac r. du	17	16	E7 S
Général-Laperrine av. du	12	47-48	N22-N23
Général-Largeau r. du	16	38	K4 S
Général-Lasalle r. du	19	22	F19 N
Général-Leclerc av. du	14	42-54	N12-R12
Général-Lemonnier av. du	1	30	H12
Général-Lucotte r. du	15	38-39	M4-N5
Général-Maistre av. du	14	53	R10 N
Général-Malleterre r. du	16	38	M3-N3
Général-Mangin av. du	16	27	J6 S
Général-Margueritte av du	7	28	J8
Général-Martial-Valin bd du	15	38-39	M4-N5
Général-Messimy av. du	12	48	M23 S
Général-Michel-Bizot av.	12	47	N21-M22
Général-Monclar pl. du	15	41	N9
Général-Négrier cité du	7	29	J9 N
Général-Niessel r. du	20	48	L23-K23
Général-Niox r. du	16	38	M3 S
Général-Patton pl. du	16	15-16	E6-E7
Général-Renault r. du	11	34	H19
Général-Roques r. du	16	37	M2
Général-San-Martin av. du	19	22	E19
Général-Sarrail av. du	16	37	L2
Général-Séré-de-Rivières r. du	14	53	P10 S
Général-Stéfanik pl. du	16	37	M2
Général-Tessier-de-Marguerittes pl. du	20	36	K23
Général-Tripier av. du	7	28	J8 S
Général-Zarapoff sq. du	19	24	E23
Gènes cité de	20	22	F19
Génie pass. du	12	46	K20 S
Gentilly porte de	13	55	S14
Géo-Chavez r.	20	36-35	G23-G22
Geoffroy-l'Angevin r.	4	32	H15
Geoffroy-l'Asnier r.	4	32	J16 S
Geoffroy-Marie r.	9	19	F14
Geoffroy-St-Hilaire r.	5	44	M16-L16
Georg-Friedrich-Haendel r.	10	21	E17
George-V av.	8	28-16	G8-F8
George-Eastman r.	13	56	P16
George-Sand r.	16	26-38	K4 S
George-Sand villa	16	26-38	K4
Georges-Ambroise-Boisselat-et-Blanche cité	20	36	J23 S
Georges-Berger r.	17	17	E10-D10
Georges-Bernanos av.	5	43	M13
Georges-Berry pl.	9	18	F12 N
Georges-Bizet r.	16	16-28	G8
Georges-Braque r.	14	55	R13
Georges-Brassens parc	15	52	N8
Georges-Citerne r.	15	40	K7 S
Georges-Contenot sq.	12	47	M21-N21
Georges-de-Porto-Riche r.	14	54	R12 S
Georges-Desplas r.	5	44	M15 N
Georges-Guillaumin pl.	8	16-17	F8-F9
Georges-Lafenestre av.	14	53	P10-R9
Georges-Lafont av.	16	37	M2-N2

Nom	Arrondissement	Plan n°	Repère
Georges-Lardennois r.	19	21-22	E18-E19
Georges-Leclanche r.	15	41	M10
Georges-Lesage sq.	12	45	L17 N
Georges-Leygues r.	16	26	H4
Georges-Mandel av.	16	27	H6-H5
Georges-Mulot pl.	15	41	L10 N
Georges-Pitard r.	15	41	N10
Georges-Pompidou pl.	4	32	H15
Georges-Pompidou voie	16	38-58	M4-J7
Georges-Pompidou voie	1	30-31	H2-J14
Georges-Pompidou voie	4	32	J15-K16
Georges-Récipon allée	19	21	E18
Georges-Risler av.	16	38	M3
Georges-Rouault allée	20	22	G19 N
Georges-Saché r.	14	54	N11 S
Georges-Ville r.	16	16	F7 S
Georgette-Agutte r.	18	7	B13
Georgina villa	20	23	F21
Gérando r.	9	19	D14 S
Gérard pass.	13	56	P15 N
Gérard-de-Nerval r.	18	7	A13
Gérard-Philipe r.	16	26	G4
Gerbert r.	15	40	M8
Gerbier r.	11	34	J20 N
Gergovie pass. de	14	41	N10
Gergovie r. de	14	41-54	N10-P11
Géricault r.	16	38	K3 S
Germain-Pilon cité	18	19	D13
Germain-Pilon r.	18	19	D13
Gervex r.	17	4	C8 S
Gesvres quai de	4	32	J15
Giffard r.	13	45	M18 S
Gilbert-Perroy pl.	14	54	N12
Ginette-Neveu r.	18	7	A14
Ginkgo cour du	12	46	M19
Ginoux r.	15	39-40	K6-L7
Giordano-Bruno r.	14	54	P11 S
Girardon imp.	18	7	C13 S
Girardon r.	18	7	C13
Girodet r.	16	38	K3 S
Gironde quai de la	19	10	B20-A19
Gît-le-Cœur r.	6	31	J14 S
Glacière r. de la	13	43-55	M14-P14
Glaïeuls r. des	20	24	E23
Gluck r.	9	19-18	F13-F12
Glycines r. des	13	55	R14
Gobelins villa des	13	44	N15
Gobelins av. des		44-56	M15-N16
n°s 1-23, 2-22	5		
n°s 25-fin, 24-fin	13		
Gobelins cité des	13	44	N16-N15
Gobelins r. des	13	44	N15 N
Gobert r.	11	34	J19
Godefroy r.	13	56	N16 S
Godefroy-Cavaignac r.	11	34	J19
Godin villa	20	35	J22-H22
Godot-de-Mauroy r.	9	18	F12 S
Gœthe r.	16	28	G8 S
Goix pass.	19	9-21	D17 N
Gomboust imp.	1	18	G12
Gomboust r.	1	19-31	G13
Goncourt r. des	11	21	G18 N
Gonnet r.	11	34-46	K20
Gordon-Bennett av.	16	37	L2 N
Gossec r.	12	47	M22
Got sq.	20	47	K22 S
Goubet r.	19	10-22	D20
Gounod r.	17	16	D8
Gourgaud av.	17	4	D8-C8
Gouthière r.	13	56	R15 S
Goutte-d'Or r. de la	18	8-20	D15
Gouvion-St-Cyr bd	17	4-15	D7-E6
Gouvion-St-Cyr sq.	17	15-16	D6-D7
Gozlin r.	6	31	J13 S
Grâce-de-Dieu cour de la	10	21	F18
Gracieuse r.	5	44	M15-L15
Graisivaudan sq. du	17	16-15	D7-D6
Gramme r.	15	40	L8
de Gramont r.	2	19	G13-F13
de Grancey r.	14	42	N12
Grand-Cerf pass. du	2	32	G15 S
Grand-Prieuré r. du	11	33	G17 S
Grand-Veneur r. du	3	33	H17-J17
Grande-Armée villa de la	17	16	E7 S
Grande-Armée av. de la		16-15	F7-E6
n°s impairs	16		
n°s pairs	17		
Grande-Chaumière r. de la	6	42	L12-M12
Grande-Truanderie r. de la	1	32	H15 N
Grands-Augustins quai des	6	31	J14
Grands-Augustins r. des	6	31	J14 S
Grands-Champs r. des	20	35-36	K21-K23
Grands-Degrés r. des	5	32	K15
Grangé sq.	13	43	N14 N
Grange-aux-Belles r. de la	10	21	F17-E18
Grange-Batelière r. de la	9	19	F14
Gravelle r. de	12	47	N21 N
Gravilliers pass. des	3	32	H16 N
Gravilliers r. des	3	32	H16-G15
Greffulhe r.	8	18	F12
Grégoire-de-Tours r.	6	31	J13-K13
Grenade r. de la	19	11	C21
Grenelle villa de	15	40	K7 S
Grenelle bd de	15	28-40	J7-K8
Grenelle pont de	16	27-39	K5-K6
Grenelle port de	15	28-27	J7-K6
Grenelle quai de	15	28-27	J7-K6
Grenelle r. de		30-29	K12-J9
n°s 1-7, 2-10	6		
n°s 9-fin, 12-fin	7		
Greneta cour	2	32	G15 S
Greneta r.		32	G15 S
n°s 1-15, 2-10	3		
n°s 17-fin, 12-fin	2		
Grenier-St-Lazare r. du	3	32	H15 N
Grenier-sur-l'Eau r. du	4	32	J16 S
Grés pl. des	20	35	H22 S
Gresset r.	19	10	C19 N
Grétry r.	2	19	F13 S
Greuze r.	16	27	H6-G6
Gribeauval r. de	7	30	J12
Gril r. du	5	44	M16-M15
Grimaud imp.	19	22	D20 S
Grisel imp.	15	41	K9 S
Griset cité	11	34	G19
Gros imp.	20	35	J22
Gros r.	16	27	K5
Gros-Caillou port du	7	29	H9 N
Gros-Caillou r. du	7	29	J9 N
Grosse-Bouteille imp.	18	7	B14-B13
Groupe-Manouchian r. du	20	23	G22-F22
Guadeloupe r. de la	18	9-8	C17-C16
Guatemala pl. du	8	18	E11 S

Nom	Arrondissement	Plan n°	Repère
Gudin r.	16	38	M3 *S*
Gué imp. du	18	8	B16 *N*
de Guébriant r.	20	24	F23
Guelma villa de	18	19	D13
Guéménée imp.	4	33	J17 *S*
Guénégaud r.	6	31	J13
Guénot pass.	11	34	K20
Guénot r.	11	35-34	K21-K20
Guérin-Boisseau r.	2	32	G15
Guersant r.	17	16	E7-D7
du Guesclin pass.	15	28	K8 *N*
du Guesclin r.	15	28	K8 *N*
Guibert villa	16	27	H5
Guichard r.	16	27	J5-H5
Guignier pl. du	20	23	F21 *S*
Guignier r. du	20	23	F21 *S*
Guilhem pass.	11	34	H19
Guillaume-Apollinaire r.	6	31	J13 *S*
Guillaume-Bertrand r.	11	34	H19 *N*
Guillaume-Tell r.	17	16	D7-D8
Guillaumot r.	12	46-45	L19-L18
Guilleminot r.	14	42-41	N11-N10
Guillemites r. des	4	32	J16 *N*
Guisarde r.	6	31	K13 *N*
Guizot villa	17	16	E7

Nom	Arrondissement	Plan n°	Repère
Gustave-Charpentier r.	17	15	D6-E6
Gustave-V-de-Suède av.	16	28	H7
Gustave-Courbet r.	16	27	G6
Gustave-Doré r.	17	5	D9-C9
Gustave-Eiffel av.	7	28	J7-J8
Gustave-Flaubert r.	17	16	D8 *S*
Gustave-Geffroy r.	13	44	N15 *N*
Gustave-Goublier r.	10	20	F16 *S*
Gustave-Larroumet r.	15	40	L8 *S*
Gustave-Le Bon r.	14	54	R11
Gustave-Lepeu pass.	11	34	J20
Gustave-Nadaud r.	16	27	H5 *S*
Gustave-Rouanet r.	18	7	B14-B13
Gustave-Toudouze pl.	9	19	E13
Gustave-Zédé r.	16	27	J5
Gutenberg r.	15	39	L6-M5
Guttin r.	17	5	B10
Guy-de-la-Brosse r.	5	44	L16
Guy-de-Maupassant r.	16	27	H5 *N*
Guy-Môquet r.	17	6	C11-B12
Guy-Patin r.	10	20	D15 *S*
Guyane bd de la	12	48	N23-M23
Guyenne sq. de la	20	36	J23
Guynemer r.	6	43	K13-L13
Guyton-de-Morveau r.	13	56	R15 *N*

h

Nom	Arrondissement	Plan n°	Repère
Haie-Coq r. de la	19	9	A18
Haies pass. des	20	35	J22 *S*
Haies r. des	20	35	K21-J22
Hainaut r. du	19	10	D20-C20
Halévy r.	9	19	F13
Hallé r.	14	55-54	P13-P12
Hallé villa	14	54	P12-N12
Halles jardin des	1	31	H 14
Halles r. des	1	31	H14 *S*
Hameau r. du	15	40-39	N7-N6
Hamelin r.	16	16-28	G7
Hanovre r. de	2	19	F13 *S*
Hardy villa	20	35	H22
de Harlay r.	1	31	J14
Harmonie r. de l'	15	53	N9 *S*
Harpe r. de la	5	31	K14 *N*
Harpignies r.	20	36	J23 *N*
Hassard r.	19	22	E19
Haudriettes r. des	3	32	H16
Haussmann bd		19-17	F13-F9
n°s 1-53, 2-70	9		
n°s 55-fin, 72-fin	8		
Haut-Pavé r. du	5	32	K15
Hautefeuille imp.	6	31	K14 *N*
Hautefeuille r.	6	31	K14 *N*
Hauterive villa d'	19	22	D20 *S*
Hautes-Formes r. des	13	57	P17
d'Hauteville cité	10	20	E15 *S*
d'Hauteville r.	10	20	F15-E15
d'Hautpoul r.	19	10-22	E20-C20
Hauts-de-Belleville villa des	20	23	F22
Havre cour du	8	18	E12 *S*
Havre pass. du	9	18	F12 *N*

Nom	Arrondissement	Plan n°	Repère
Havre pl. du		18	E12-F12
n°s impairs	8		
n°s pairs	9		
Havre r. du		18	F12 *N*
n°s impairs	8		
n°s pairs	9		
Haxo imp.	20	23-24	G22-G23
Haxo r.		23	G22-E22
n°s 1-113, 2-110	20		
n°s 115-fin, 112-fin	19		
Hébert pl.	18	9	B17
Hébrard pass.	10	21	F18
Hébrard ruelle des	12	46	L19 *S*
Hector-Guimard r.	19	22	F19
Hector-Malot r.	12	45	L18
Hégésippe-Moreau r.	18	6	C12 *S*
Helder r. du	9	19	F13
Hélène r.	17	6	D12-D11
Héliopolis r. d'	17	16-4	D7 *N*
Henard r.	12	46	L 20-M 20
Hennel pass.	12	46	L19
Henner r.	9	19	E13 *N*
Henri-Barboux r.	14	54	R12
Henri-Barbusse r.		43	L13-M13
n°s 1-53, 2-60	5		
n°s 55-fin, 62-fin	14		
Henri-Becque r.	13	55	R14 *N*
Henri-Bergson pl.	8	18	E11 *S*
Henri-Bocquillon r.	15	40	M7 *N*
Henri-Brisson r.	18	7	A13 *S*
Henri-Chevreau r.	20	22	G20-F20
Henri-de-Bornier r.	16	26	H4
Henri-Delormel sq.	14	54	N12 *S*
Henri-Dubouillon r.	20	23	F22

Nom	Arrondissement	Plan n°	Repère
Henri-Duchêne r.	15	40	L7 N
Henri-Duparc sq.	17	5-17	D10
Henri-Duvernois r.	20	36	H23
Henri-Feulard r.	10	21	F18 N
Henri-Gaillard souterrain	16	15	F5
Henri-Heine r.	16	26	K4 N
Henri-Huchard r.	18	7-6	A13-A12
Henri-Martin av.	16	27-26	H5-H4
Henri-Matisse pl.	20	34	G20
Henri-Moissan r.	7	29	H9
Henri-Mondor pl.	6	31	K13 N
Henri-Monnier r.	9	19	E13 N
Henri-Murger r.	19	21	E18
Henri-Pape r.	13	56	R16-R15
Henri-Poincaré r.	20	23	G22-F22
Henri-IV bd	4	32-33	K16-K17
Henri-IV port	4	45-32	L17-K16
Henri-IV quai	4	45-32	L17-K16
Henri-Queuille pl.	15	41	L10
Henri-Ranvier r.	11	34	J20-H20
Henri-Regnault r.	14	54	R12 N
Henri-Ribière r.	19	23	E21
Henri-Robert r.	1	31	J14
Henri-Rochefort r.	17	17	D9 S
Henri-Rollet pl.	15	40	N7 N
Henri-Tomasi r.	20	36	K23
Henri-Turot r.	19	21	E18 S
Henry-Bataille sq.	16	26	J3
Henry-de-Bournazel r.	14	53	R10 N
Henry-de-Jouvenel r.	6	31	K13
Henry-de-La-Vaulx r.	16	38	N3
Henry-de-Montherlant pl.	7	30	H12
Henry-Dunant pl.	8	16	F8-G8
Henry-Paté sq.	16	38-39	K4-K5
Hérault-de-Séchelles r.	17	6	A11
Héricart r.	15	39	K6 S
Hermann-Lachapelle r.	18	8	B15
Hermel cité	18	7	C14 N
Hermel r.	18	7	C14-B14
Herold r.	1	31	G14 S
Héron cité	10	21	F17 N

Nom	Arrondissement	Plan n°	Repère
Herran r.	16	27	G6 S
Herran villa	16	27	G5 S
Herschel r.	6	43	L13 S
Hersent villa	15	41	M9 S
Hesse r. de	3	33	H17 S
Hippolyte-Lebas r.	9	19	E14-E13
Hippolyte-Maindron r.	14	42-54	N11-P11
Hirondelle r. de l'	6	31	J14 S
Hittorff cité	10	20	F16 S
Hittorff r.	10	20	F16
Hiver cité	19	21-22	E18-E19
Hoche av.	8	17-16	E9-F8
Honoré-Chevalier r.	6	43-42	K13-K12
Hôpital bd de l'		45-44	L17-N16
nos 1-fin, 44-fin	13		
nos 2-42	5		
Hôpital-St-Louis r. de l'	10	21	F17 N
Horloge quai de l'	1	31	J14
Horloge-à-Automates pass. de l'	3	32	H15
Hospitalières-St-Gervais r. des	4	32	J16 N
Hôtel-Colbert r. de l'	5	32	K15
Hôtel-d'Argenson imp. de l'	4	32	J16
Hôtel-de-Ville pl. de l'	4	32	J15
Hôtel-de-Ville port de l'	4	32	K16-J15
Hôtel-de-Ville quai de l'	4	32	J16-J15
Hôtel-de-Ville r. de l'	4	32	J16-J15
Hôtel-St-Paul r. de l'	4	33	J17 S
Houdart r.	20	34	H20 N
Houdart-de-Lamotte r.	15	40	M7
Houdon r.	18	19	D13
Hubert-Monmarché pl.	15	40	M8 N
Huchette r. de la	5	31	K14 N
Huit-Mai 1945 r. du	10	20	E16 S
Huit-Novembre 1942 pl. du	10	20	E15
Hulot pass.	1	31	G13 S
Humblot r.	15	28	K7
Huyghens r.	14	42	M12 N
Huysmans r.	6	42	L12 N

i

Nom	Arrondissement	Plan n°	Repère
Ibsen av.	20	36	G23
Iéna av. d'	16	28-16	H7-F8
Iéna pl. d'	16	28	G7
Iéna pont d'	16	28	H7
Igor-Stravinsky pl.	4	32	H15
Ile-de-France imp. de l'	20	35	J22-J21
Ile-de-la-Réunion pl. de l'	12	47	L21
Ile-de-Sein pl. de l'	14	43	N13
Immeubles-Industriels r. des	11	35-47	K21 S
Indochine bd d'	19	23-11	D21-C21
Indre r. de l'	20	35	H22
Industrie cité de l'	11	34	G19 S
Industrie cour de l'	11	34	K20
Industrie pass. de l'	10	20	F16-F15
Industrie r. de l'	13	56	R16
Industrielle cité	11	34	J19-H19

Nom	Arrondissement	Plan n°	Repère
Ingénieur-Robert-Keller r. de l'	15	39	K6-L6
Ingres av.	16	26	J4 N
Innocents r. des	1	32-31	H15-H14
Inspecteur-Allès r. de l'	19	23	E21
Institut pl. de l'	6	31	J13 N
Insurgés-de-Varsovie pl. des	15	52	P7
Intendant jardin de l'	7	29	J 10
Intérieure r.	8	18	E12 S
Interne-Loeb r. de l'	13	56	R15
Invalides bd des	7	29-41	J10-L10
Invalides esplanade des	7	29	H10
Invalides pl. des	7	29	J10 N
Invalides pont des	8	29	H10 N
Irénée-Blanc r.	20	35-36	G22-G23

Nom	Arrondissement	Plan n°	Repère
Iris r. des	13	55	R14
Iris villa des	19	23	E22
Irlandais r. des	5	43	L14
Isabey r.	16	38	K3 S
Islettes r. des	18	20	D15
Isly r. de l'	8	18	F12 N
Israël pl. d'	17	5	D9 N
Issy quai d'	15	38	N4
Issy-les-Moulineaux porte d'	15	39	N6
Issy-les-Moulineaux quai d'	15	38	M4-N4

Nom	Arrondissement	Plan n°	Repère
Italie av. d'	13	56	P16-S16
Italie pl. d'	13	56	N16 S
Italie porte d'	13	56	S16
Italie r. d'	13	56	R16-R15
Italiens bd des		19	F13
n°ˢ impairs	2		
n°ˢ pairs	9		
Italiens r. des	9	19	F13
Ivry av. d'	13	57-56	R17-P16
Ivry porte d'	13	57	S18 N
Ivry quai d'	13	58	P20 S

j

Nom	Arrondissement	Plan n°	Repère
Jacob r.	6	31	J13
Jacquard r.	11	33	G18 S
Jacquemont r.	17	6	C11 S
Jacquemont villa	17	6	C11 S
Jacques-Bainville pl.	7	30	H11-J11
Jacques-Baudry r.	15	53	P9
Jacques-Bingen r.	17	17	D10
Jacques-Bonsergent pl.	10	20	F16 S
Jacques-Callot r.	6	31	J13
Jacques-Cartier r.	18	6	B12
Jacques-Cœur r.	4	33	K17 N
Jacques-Copeau pl.	6	31	K13-J13
Jacques-et-Thérèse-Trefouel r.	15	41	L10 S
Jacques-Froment pl.	18	6	C12 N
Jacques-Garnevin allée	8	17	E10
Jacques-Hillairet r.	12	46	L20
Jacques-Ibert r.	17	3-4	C6-C7
Jacques-Kablé r.	18	9-8	D17-D16
Jacques-Kellner r.	17	6	B12-B11
Jacques-Louvel-Tessier r.	10	21	F17-F18
Jacques-Marette pl.	15	40	N8
Jacques-Mawas r.	15	40	M7 S
Jacques-Offenbach r.	16	27	J5
Jacques-Prévert r.	20	34	H20-G20
Jacques-Rouché pl.	9	19	F13
Jacques-Rueff pl.	7	28	J8
Jacques-Viguès cour	11	33	K18 N
Jacquier r.	14	54-53	P11-P10
Jadin r.	17	17	E9-D9
Jamot villa	14	53	P10
Jandelle cité	19	22	F19-E19
Janssen r.	19	23	E21
Japon r. du	20	35	G22-G21
Japy r.	11	34	J19
Jardinet r. du	6	31	K14-K13
Jardiniers imp. des	11	34	K20 N
Jardiniers r. des	12	47	N21
Jardins-St-Paul r. des	4	32	K16-J16
de Jarente r.	4	33	J17
Jarry r.	10	20	F16
Jasmin cour	16	26	K4 N
Jasmin r.	16	26	K4 N
Jasmin sq.	16	26	K4 N
Jaucourt r.	12	47	L21 N
Javel port de	15	39-38	K6-M4
Javel r. de	15	39-40	L5-M7
Javelot r. du	13	57	P17-R17

Nom	Arrondissement	Plan n°	Repère
Jean-Aicard av.	11	34	G19 S
Jean-Antoine-de-Baïf r.	13	58	P19
Jean-Baptiste-Berlier r.	13	58	P20-P19
Jean-Baptiste-Clément pl.	18	7	C13 S
Jean-Baptiste-Dumas r.	17	16	D7
Jean-Baptiste-Dumay r.	20	22	F20 N
Jean-Baptiste-Semanaz r.	19	23	D22-D21
Jean-Bart r.	6	42	K12-L12
Jean-Beausire imp.	4	33	J17
Jean-Beausire pass.	4	33	J17 S
Jean-Beausire r.	4	33	J17 S
Jean-Bologne r.	16	27	J6
Jean-Bouton r.	12	45	L18
Jean-Calvin r.	5	44	M15 N
Jean-Carriès r.	7	28	K8 N
Jean-Cocteau r.	18	8	A15
Jean-Colly r.	13	57	P18-P17
Jean-Cottin r.	18	8	B16-B17
Jean-Daudin r.	15	41	L9
Jean-de-Beauvais r.	5	44-43	K15-K14
Jean-Dolent r.	14	43	N14-N13
Jean-Dollfus r.	18	7	B13 N
Jean-du-Bellay r.	4	32	K15-J15
Jean-Dunand r.	13	57	R17
Jean-Falck sq.	10	21	E18-E17
Jean-Ferrandi r.	6	42	L11 N
Jean-Formigé r.	15	40	M8 N
Jean-François-Gerbillon r.	6	42	L12-L11
Jean-François Lépine r.	18	8	D16 N
Jean-Giraudoux r.	16	16	F7-G8
Jean-Godard villa	12	47	N22 N
Jean-Goujon r.	8	29	G9
Jean-Henri-Fabre r.	18	7	A14-A13
Jean-Hugues r.	16	15	G5 N
Jean-Jacques-Rousseau r.	1	31	H14-G14
Jean-Jaurès av.	19	21-11	D18-C21
Jean-Lantier r.	1	31	J14-H14
Jean-Leclaire r.	17	6	B12
Jean-Lorrain pl.	16	38	K3-K4
Jean-Louis-Forain r.	17	4	C8
Jean-Macé r.	11	34	K19 N
Jean-Maridor r.	15	39-40	M6-M7
Jean-Marie-Jégo r.	13	56	P15
Jean-Ménans r.	19	22	E19 N
Jean-Mermoz r.	8	17	G10-F10
Jean-Moinon r.	10	21	F18
Jean-Monnet pl.	16	15	G6

Nom	Arrondissement	Plan n°	Repère
Jean-Moréas r.	17	4	C7 S
Jean-Moulin av.	14	54	P12-R11
Jean-Nicot pass.	7	29	H9-J9
Jean-Nicot r.	7	29	H9
Jean-Oestreicher r.	17	4	C7-D7
Jean-Paul-Laurens sq.	16	26	J4 S
Jean-Paulhan allée	7	28	H8 S
Jean-Pierre-Timbaud r.	11	33-22	G17-G19
Jean-Poulmarch r.	10	21	F17
Jean-Quarré r.	19	23	E21
Jean-Rey r.	15	28	J7
Jean-Richepin r.	16	27	H5
Jean-Robert r.	18	8	C16
Jean-Rostand pl.	19	21	F18
Jean-Sébastien-Bach r.	13	57	P17-N17
Jean-Sicard r.	15	52	P8
Jean-Thébaud sq.	15	40	L8 N
Jean-Tison r.	1	31	H14 S
Jean-Varenne r.	18	7	A13 S
Jean-Veber r.	20	36	H23
Jean XXIII sq.	4	32	K 15
Jean-Zay r.	14	42	M11
Jeanne-d'Arc pl.	13	57	P17
Jeanne-d'Arc r.	13	57-44	P17-M16
Jeanne-Hachette r.	15	40	M8 N
Jemmapes quai de	10	21	G17-E17
Jenner r.	13	45-44	N17-N16
Jérôme-Bellat sq.	17	4	D7
de Jessaint r.	18	8-20	D16 N
Jeu-de-Boules pass. du	11	33	G17 S
Jeûneurs r. des	2	19	G14 N
Joachim-du-Bellay pl.	1	32	H15
Joanès pass.	14	53	P10
Joanès r.	14	54-53	P11-P10
Jobbé-Duval r.	15	40	N8
Jocelyn villa	16	27	G5 S
Joffre pl.	7	29-28	J9-K8
Johann-Strauss pl.	10	20	G19
de Joinville imp.	19	10	C19 N
de Joinville pl.	19	10	C19
de Joinville r.	19	10	C19
Jolivet r.	14	42	M11 N
Joly cité	11	34	H19
Jomard r.	19	10	C19
Jonas r.	13	56	P15 N
Jongkind r.	15	39	M5-M6
Jonquilles r. des	14	53	P9 N
Jonquoy r.	14	53	P10
José-Maria-de-Heredia r.	7	41	K9-L9
José-Marti pl.	16	27	H6
Joseph-Bara r.	6	43	L13-M13
Joseph-Bédier av.	13	57	R18 S
Joseph-Bouvard av.	7	28	J8
Joseph-Chailley r.	12	47	N22
Joseph-de-Maistre r.	18	7-6	D13-B12
Joseph-Dijon r.	18	7	B14
Joseph-et-Marie-Hackin r.	16	15	E5
Joseph-Granier r.	7	29	J9 S
Joseph-Liouville r.	15	40	L8
Joseph-Python r.	20	36	G23-H23
Joseph-Sansbœuf r.	8	18	F11-E11
Joséphine r.	18	7	B13
Josseaume pass.	20	35	J22 S
Josset pass.	11	33	K18 N
Joubert r.	9	19-18	F13-F12
Joudrier imp.	11	35	J21 S
Jouffroy pass.	9	19	F14
Jouffroy r.	17	5-16	C10-D8
Jour r. du	1	31	H14 N
Jourdain r. du	20	22	F20 N
Jourdan bd	14	55-54	S14-R12
Jouvenet r.	16	38	M4-L3
Jouvenet sq.	16	38	L4 S
de Jouy r.	4	32	J16
Jouye-Rouve r.	20	22	F19
Joyeux cité	17	6	B11 N
Juge r.	15	28-40	K7
Juge villa	15	40	K7 S
Juges-Consuls r. des	4	32	J15-H15
Juillet r.	20	22-34	G20
Jules-Bourdais r.	17	4	C8 S
Jules-Breton r.	13	44	M16 S
Jules-César r.	12	45	K17-K18
Jules-Chaplain r.	6	42	L12 S
Jules-Chéret sq.	20	36	J23
Jules-Claretie r.	16	27	H5
Jules-Cloquet r.	18	6-7	B12-B13
Jules-Cousin r.	4	33	K17
Jules-Dumien r.	20	23	G22 N
Jules-Dupré r.	15	52	P8 N
Jules-Ferry bd	11	21-33	G17
Jules-Guesde r.	14	42	M11-N11
Jules-Hénaffe pl.	14	54	R12 N
Jules-Janin av.	16	27	H5 S
Jules-Joffrin pl.	18	7	B14 S
Jules-Jouy r.	18	7	C14 N
Jules-Lefebvre r.	9	18	E12 N
Jules-Lemaître r.	12	48	L23 S
Jules-Pichard r.	12	47	N21
Jules-Renard pl.	17	16	D7
Jules-Romains r.	19	22	F19
Jules-Sandeau bd	16	27-26	H5-H4
Jules-Senard pl.	19	23	E22
Jules-Siegfried r.	20	35-36	G22-G23
Jules-Simon r.	15	40	M7 N
Jules-Supervielle allée	1	31	H14
Jules-Vallès r.	11	34	K20-J20
Jules-Verne r.	11	21	F18 S
Julia-Bartet r.	14	53	P9-R9
Julien-Lacroix r.	20	22	G20-F19
de Julienne r.	13	44-43	N15-N14
Juliette-Dodu r.	10	21	F18-E17
Juliette-Lamber r.	17	5	C9
Junot av.	18	7	C13
Jura r. du	13	44	M16 S
Jussienne r. de la	2	31	G14 S
Jussieu pl.	5	44	L16-L15
Jussieu r.	5	44	L16-L15
Juste-Métivier r.	18	7	C13
Justice r. de la	20	23-24	G22-G23

Échelle : 1 cm sur le plan représente 100 m sur le terrain.

Nom	Arrondissement	Plan n°	Repère
Leroy-Beaulieu sq.	16	26	J4 *S*
Leroy-Dupré r.	12	47	L22 *S*
Lesage cour	20	22	F19
Lesage r.	20	22	F19
de Lesdiguières r.	4	33	K17-J17
Lespagnol r.	20	34-35	J20-J21
de Lesseps r.	20	35	J22-H21
Letellier r.	15	40	K7-L8
Letellier villa	15	40	K8 *S*
Letort imp.	18	7	B14
Letort r.	18	7	B14
Leuck-Mathieu r.	20	35	H22 *N*
Levert r.	20	22	F20
Lévis imp. de	17	17	D10 *S*
Lévis pl. de	17	17	D10
Lévis r. de	17	17	D10
Lhomme pass.	11	33	K18 *N*
Lhomond r.	5	43-44	L14-M15
Lhuillier r.	15	40	N8
Liancourt r.	14	42	N12-N11
Liard r.	14	55	R14 *S*
Liban r. du	20	22	G20 *N*
Liberté r. de la	19	23	E21 *N*
Lido arcades du	8	17	F9
Liège r. de		18	E12-E11
n°s 1-19, 2-18	9		
n°s 21-fin, 20-fin	8		
Lieutenance sentier de la	12	48	M23 *N*
Lieutenant-Chauré r. du	20	23-35	G22
Lieutenant-Colonel-Dax r.	18	7	A14-A13
Lieutenant-Colonel-Deport r. du	16	37	M2
Lieutenant-Lapeyre r. du	14	53	P10 *S*
Lieutenant-Stéphane-Piobetta pl. du	14	53-54	N10-N11
Lieuvin r. du	15	53	N9-P9
Ligner r.	20	35	J21 *N*
Lilas porte des	20	23-24	E22-E23
Lilas r. des	19	23	E21
Lilas villa des	19	23	E21 *N*
Lili-Boulanger pl.	9	18	D12 *S*
Lille r. de	7	31-30	J13-H11
Limagne sq. de la	13	57	R18
Limousin sq. du	13	57	R18
Lincoln r.	8	17	G9-F9
Lingères pass. des	1	31	H14
Lingerie r. de la	1	31	H14
Linné r.	5	44	L16-L15
Linois r.	15	39	K6-L6
Lions-Saint-Paul r. des	4	33-32	K17-K16
Lippmann r.	20	48	K23 *S*
Lisa pass.	11	33-34	J18-J19
Lisbonne r. de	8	18-17	E11-E9
Liserons r. des	13	55	R14
Lisfranc r.	20	35	H22
Littré r.	6	42	L11
Livingstone r.	18	19	D14
Lobau r. de	4	32	J15
Lobineau r.	6	31	K13 *N*
Logelbach r. de	17	17	D9 *S*
Loi imp. de la	20	35	J22 *S*
Loing r. du	14	54	P12 *S*
Loire quai de la	19	21-10	D18-C19
Loiret r. du	13	58	P19 *S*
L'Olive r.	18	8	C16 *N*
Lombards r. des		32	H15 *S*
n°s 1-25, 2-28	4		
n°s 27-fin, 30-fin	1		
Londres cité de	9	18	E12 *S*
Londres r. de		18	E12-E11
n°s 1-37, 2-38	9		
n°s 39-fin, 40-fin	8		
Longchamp r. de	16	28-15	G7-G5
Longchamp villa de	16	28	G7 *S*
Longues-Raies r. des	13	56-55	R15-R14
Lord-Byron r.	8	16	F8
Lorraine r. de	19	10	D19 *N*
Lorraine villa de	19	23	D21-E21
Lot quai du	19	10	A19
Lota r. de	16	27	G5
Louis-Aragon allée	1	31	H14
Louis-Armand cour	12	45	L18
Louis-Armand r.	15	39-51	N6-N5
Louis-Barthou av.	16	26	G4-H4
Louis-Blanc r.	10	21-20	E17-D16
Louis-Blériot quai	16	39-38	K5-M4
Louis-Boilly r.	16	26	H4 *S*
Louis-Bonnet r.	11	21	F18 *S*
Louis-Braille r.	12	47	M22
Louis-Codet r.	7	29	J9
Louis-David r.	16	27	H6
Louis-Delaporte r.	20	48	K23 *S*
Louis-Ganne r.	20	36	H23 *N*
Louis-Gentil sq.	12	47	N22
Louis-le-Grand r.	2	18-19	G12-F13
Louis-Lépine pl.	4	32	J15
Louis-Loucheur r.	17	6	A12 *S*
Louis-Lumière r.	20	36	J23-H23
Louis-Marin pl.	5	43	L13
Louis-Morard r.	14	54	P11
Louis-Murat r.	8	17	E9 *S*
Louis-Nicolas-Clérambault r.	20	34	G20
Louis-Pasteur-Vallery-Radot r.	18	7-6	A13-A12
Louis-Pergaud r.	13	55-56	S14-S15
Louis-Philippe pass.	11	33	J18 *S*
Louis-Philippe pont	4	32	J15 *S*
Louis-Robert imp.	20	22	F20
Louis-Thuillier r.	5	43	L14 *S*
Louis-Vicat r.	15	52	P8-P7
Louis-Vierne r.	17	4	C7
Louis XVI sq.	8	18	F 11
Louise-et-Tony sq.	14	54	P12 *S*
Louise-Labé allée	19	22	F19-E19
Louise-Thuliez r.	19	23	E21
Louise-Weiss r.	13	45	N17-N18
Louisiane r. de la	18	9	C17 *N*
de Lourmel r.	15	40-39	K7-M6
Louvat imp.	14	42	N12
Louvat villa	14	42	N12
Louvois r. de	2	19	G13 *N*
Louvre pl. du	1	31	H14 *S*
Louvre port du	1	31-30	H13-H12
Louvre quai du	1	31	J14-H13
Louvre r. du		31	H14-G14
n°s 1-25, 2-52	1		
n°s 27-fin, 54-fin	2		
de Lowendal av.		29-41	K9
n°s 1-23, 2-14	7		
n°s 25-fin, 16-fin	15		
Lowendal sq.	15	41	K9 *S*
Lübeck r. de	16	28	G8-H7

38

Nom	Arrondissement	Plan n°	Repère
Marcel-Sembat r.	18	7	A13 *S*
Marcel-Toussaint sq.	15	40	N8 *N*
Marcelin-Berthelot pl.	5	43	K14
Marcès villa	11	33	H18-J18
Marchais r. des	19	23	D21
Marché pass. du	10	20	F16 *S*
Marché-aux-Chevaux imp.	5	44	M16
Marché-des-Blancs-Manteaux r. du	4	32	J16 *N*
Marché-des-Patriarches r.	5	44	M15 *N*
Marché-Neuf quai du	4	31	J14 *S*
Marché-Ordener r. du	18	7	B13
Marché-Popincourt r. du	11	33	H18 *N*
Marché-St-Honoré pl. du	1	30-31	G12-G13
Marché-St-Honoré r. du	1	30-18	G12
Marché-Ste-Catherine pl. du	4	33-32	J16-J17
Marco-Polo jardin	6	43	M 13
Mare imp. de la	20	22	G20 *N*
Mare r. de la	20	22	G20-F20
Maréchal-de-Lattre-de-Tassigny pl. du	16	15	F5
Maréchal-Fayolle av. du	16	15-26	F5-G4
Maréchal-Franchet-d'Espérey av. du	16	26	J3
Maréchal-Gallieni av. du	7	29	H10-J10
Maréchal-Harispe r. du	7	28	J8 *N*
Maréchal-Juin pl. du	17	16	D8
Maréchal Lyautey av. du	16	26-38	K3
Maréchal Maunoury av.	16	26	H4-J3
Marengo r. de	1	31	H13
Marguerin r.	14	54	P12 *S*
Marguerite-de-Navarre pl.	1	31	H14
Margueritte r.	17	16	E8 *N*
Marguettes r. des	12	48	L23 *S*
Maria-Deraismes r.	17	6	B12
Marie cité	17	6	B11
Marie pont	4	32	K16 *N*
Marie-Benoist r.	12	47	L21 *N*
Marie-Blanche imp.	18	7	D13 *N*
Marié-Davy r.	14	54	P12 *S*
Marie-de-Miribel pl.	20	36	J23
Marie-et-Louise r.	10	21	F17 *S*
Marie-Laurencin r.	12	47	M22
Marie-Laurent allée	20	35-47	K22
Marie-Rose r.	14	54	P12 *S*
Marie-Stuart r.	2	32-31	G15-G14
Marietta-Martin r.	16	27	J5
Marignan pass.	8	17	G9 *N*
Marignan r. de	8	17	G9
Marigny av. de	8	17	G10-F10
Mariniers r. des	14	53	P10 *S*
Marinoni r.	7	28	J8
Mario-Nikis r.	15	41	K9 *S*
Mariotte r.	17	18	D11
de Marivaux r.	2	19	F13 *S*
Marmontel r.	15	40	M8 *S*
Marmousets r. des	13	44	N15 *N*
Marne quai de la	19	10	C19-C20
Marne r. de la	19	10	C19
Maroc imp. du	19	9	C17 *S*
Maroc pl. du	19	9	D17 *N*
Maroc r. du	19	9	D18-C17
Maronites r. des	20	22	G19-G20
Marquis-d'Arlandes r. du	17	4	C8
Marronniers r. des	16	27	J5 *S*
Marseillaise r. de la	19	11	C21-D21
Marseille r. de	10	21	F17 *S*

Nom	Arrondissement	Plan n°	Repère
Marsollier r.	2	19	G13
Marsoulan r.	12	47	L22
Marteau imp.	18	8	A16
Martel r.	10	20	F15 *N*
Martignac cité	7	30	J11
de Martignac r.	7	30	H11-J11
Martin-Bernard r.	13	56	P15 *S*
Martin-Garat r.	20	35	H22-G22
Martin-Nadaud pl.	20	35	G21 *S*
Martini imp.	10	20	G16-F16
Martinique r. de la	18	8	C16 *N*
Marty imp.	17	6	B12 *N*
Martyrs r. des		19	E13-D13
n°ˢ 1-67, 2-fin	9		
n°ˢ 69-fin	18		
Martyrs Juifs du Vélodrome d'Hiver pl. des	15	28	J7
Marx-Dormoy r.	18	8	D16-C16
Maryse-Bastié r.	13	57	R18 *S*
Maryse-Hilsz r.	20	36-48	K23
Maspéro r.	16	27-26	H5-H4
Masséna bd	13	58-56	P20-S16
Masséna sq.	13	57	R18
Massenet r.	16	27	J6-H5
Masseran r.	7	41	K10 *S*
Massif-Central sq. du	12	47	N21-N22
Massillon r.	4	32	J15-K15
Massonnet imp.	18	8	B15
Mathieu imp.	15	41	M10 *N*
Mathis r.	19	9	C18 *N*
Mathurin-Moreau av.	19	21-22	E18-E19
Mathurin-Régnier r.	15	41	M9
Mathurins r. des		18	F12-F11
n°ˢ 1-21, 2-28	9		
n°ˢ 23-fin, 30-fin	8		
Matignon av.	8	17	G10-F10
Maubert imp.	5	32	K15
Maubert pl.	5	32-44	K15
Maubeuge r. de		19-20	E14-D16
n°ˢ 1-65, 2-84	9		
n°ˢ 67-fin, 86-fin	10		
Maubeuge sq. de	9	19	E14
Maublanc r.	15	40	M8
Mauconseil r.	1	32-31	H15-H14
Maure pass. du	3	32	H15
Maurel pass.	5	45	L17 *S*
Maurice-Barrès pl.	1	30	G12
Maurice-Berteaux r.	20	24	G23
Maurice-Bouchor r.	14	53	P9-P10
Maurice-Bourdet r.	16	27	K5
Maurice-Chevalier pl.	20	22	G20
Maurice-de-Fontenay pl.	12	46	L20
Maurice-Denis r.	12	46	L19
Maurice-de-la-Sizeranne r.	7	41	K10-L10
Maurice-d'Ocagne av.	14	53	R10 *N*
Maurice-et-Louis-de Broglie r.	13	45	N17-N18
Maurice Gardette sq.	11	34	H 19
Maurice Genevoix r.	18	8	B16
Maurice-Loewy r.	14	55	P13 *S*
Maurice-Maignen r.	15	41	M10
Maurice-Noguès r.	14	53	P9 *S*
Maurice-Quentin pl.	1	31	H14
Maurice-Ravel av.	12	48	M23-L23
Maurice-Ripoche r.	14	42	N11
Maurice-Rollinat villa	19	22	D20 *S*
Maurice-Rouvier r.	14	53	P10-N9

Nom	Arrondissement	Plan n°	Repère
Maurice-Utrillo r.	18	7	D14 N
Mauvais-Garçons r. des	4	32	J16
Mauves allée des	20	36	J23
Mauxins pass. des	19	23	E22
Max-Ernst r.	20	34	G 20
Max-Hymans sq.	15	41-42	M10-M11
Max-Jacob r.	13	56	S16-R15
Mayenne sq. de la	17	4	C8
Mayet r.	6	42	L11 N
Mayran r.	9	19	E14 S
Mazagran av. de	14	55	S14 S
Mazagran r. de	10	20	F15 S
Mazarine r.	6	31	J13
Mazas pl.	12	45	L17
Mazet r.	6	31	J13 S
Meaux r. de	19	21-10	E18-D19
Méchain r.	14	43	N14-N13
Médéric r.	17	17	E9-D9
Médicis r. de	6	43	K13-K14
Mégisserie quai de la	1	31	J14 N
Méhul r.	2	19-31	G13
Meilhac r.	15	40	L8
Meissonnier r.	17	17	D9
Mélingue r.	19	22	F20-E20
Melun pass. de	19	21	D18
Ménars r.	2	19	G13 N
Mendelssohn r.	20	36	J23
Ménétriers pass. des	3	32	H15
Ménilmontant bd de		34	H20-G19
nos impairs	11		
nos pairs	20		
Ménilmontant pass. de	11	34	G19 S
Ménilmontant pl. de	20	22	G20 N
Ménilmontant porte de	20	24	F23
Ménilmontant r. de	20	22-23	G19-F21
Mercœur r.	11	34	J19-J20
Mérimée r.	16	15	G6-G5
Merisiers sentier des	12	48	L23 S
Merlin r.	11	34	H20-H19
Meryon r.	16	37	L2
Meslay pass.	3	20	G16
Meslay r.	3	21-20	G17-G16
Mesnil r.	16	15	G6
Messageries r. des	10	20	E15 S
Messidor r.	12	47	M22
Messier r.	14	43	N13
Messine av. de	8	17	E10 S
Messine r. de	8	17	E10 S
Métairie cour de la	20	22	F20
Metz quai de	19	10	C20
Metz r. de	10	20	F16-F15
Meuniers r. des	12	47	N21
Meurthe r. de la	19	10	C19
Mexico pl. de	16	27	G6 S
Meyerbeer r.	9	19	F13
Meynadier r.	19	22	D19
Mézières r. de	6	31-30	K3-K12
Michal r.	13	56	P15 S
Michel-Ange hameau	16	38	M3
Michel-Ange r.	16	38	L3-M3
Michel-Ange villa	16	38	K4 S
Michel-Bréal r.	13	57	R18
Michel-Chasles r.	12	45	L18-K18
Michel-de-Bourges r.	20	35	J22 S
Michel-le-Comte r.	3	32	H16-H15
Michel-Peter r.	13	44	M15-N15
Michelet r.	6	43	L13 S
Midi cité du	18	19	D13
Mignard r.	16	27	H5 N
Mignet r.	16	38	K4 S
Mignon r.	6	31	K14 N
Mignot sq.	16	27	H6
Mignottes r. des	19	22	E20 N
Miguel-Hidalgo r.	19	22	D20 S
Milan r. de	9	18	E12
Milleret-de-Brou av.	16	27-26	J5-K4
Milne-Edwards r.	17	16	D7 S
Milord imp.	18	6	B12 N
Milton r.	9	19	E14
Mimosas sq. des	13	55	R14
Minimes r. des	3	33	J17 N
Miollis r.	15	41	L9 N
Mirabeau pont	16	39	L5
Mirabeau r.	16	39-38	L5-L4
de Mirbel r.	5	44	M15 N
Mire allée de la	14	55	R13-R14
Mire r. de la	18	7	D13-C13
de Miromesnil r.	8	17	F10-E10
Mission-Marchand r. de la	16	26-38	K4
Mizon r.	15	41	M10 N
Moderne av.	19	22	D19
Moderne villa	14	54	P11 N
Modigliani r.	15	39	M5-M6
Modigliani terrasse	14	42	M11
Mogador r. de	9	18	F12-E12
Moines r. des	17	6	C11-B11
Molière av.	16	38	L3 S
Molière pass.	3	32	H15
Molière r.	1	31	G13 S
Molin imp.	18	9	C17
Molitor porte	16	37	L2
Molitor r.	16	38	L4-L3
Molitor villa	16	38	L4
Mollien r.	8	17	E10
Monbel r. de	17	5	C9 S
Monceau parc	8	17	E 9
Monceau r. de	8	17	F9-E10
Monceau sq.	17	18	D11 S
Monceau villa	17	16	D8
Moncey pass.	17	6	C12
Moncey r.	9	18	E12 N
Moncey sq.	9	18	E12 N
Mondétour r.	1	32	H15 N
Mondovi r. de	1	30	G11
Monge pl.	5	44	L15 S
Monge r.	5	44	K15-M15
Mongenot r.		48	L24-L23
nos 29-fin, 12-fin	12		
autres nos	Saint-Mandé		
Monjol r.	19	21	E18 S
Monnaie r. de la	1	31	H14 S
Monplaisir imp.	20	34	G20 S
Monseigneur-Loutil pl.	17	17	D9
Monseigneur-Rodhain r.	10	21	E17
Monsieur r.	7	29	K10
Monsieur-le-Prince r.	6	31-43	K13-K14
Monsigny r.	2	19	G13 N
Monsoreau sq. de	20	35	J21
Mont-Aigoual r. du	15	9	L5
Mont-Blanc sq. du	16	39	K5 S
Mont-Cenis pass. du	18	7	B14 N
Mont-Cenis r. du	18	7	C14-B14
Mont-Dore r. du	17	18	D11

Nom	Arrondissement	Plan n°	Repère
Mont-Louis imp. de	11	34	J20 *N*
Mont-Louis r. de	11	34	J20 *N*
Mont-Thabor r. du	1	30	G12 *S*
Mont-Tonnerre imp. du	15	42	L11
Montagne-d'Aulas r. de la	15	39	M5-M6
Montagne-de-la-Fage r. de la	15	39	M5
Montagne-de-l'Esperou r. de la	15	39	L5-M5
Montagne-du-Goulet pl. de la	15	39	L5
Montagne-Ste-Geneviève r. de la	5	44	K15-L15
Montaigne av.	8	17-29	G9
Montalembert r.	7	30	J12
Montalivet r.	8	18	F11 *S*
Montauban r.	15	40	N8
Montbrun pass.	14	54	P12
Montbrun r.	14	54	P12
Montcalm r.	18	7	C13-B14
Montcalm villa	18	7	B13 *S*
Monte-Cristo r.	20	35	J21
Montebello port de	5	32	K15
Montebello quai de	5	32	K15
Montebello r. de	15	53	P9 *N*
Montempoivre porte de	12	48	M23
Montempoivre r. de	12	47-48	M22-M23
Montempoivre sentier de	12	47	M22
Montenegro pass. du	19	23	E22 *S*
Montenotte r. de	17	16	E8
Montéra r.	12	48	L23
de Montespan av.	16	27	G5 *S*
Montesquieu r.	1	31	H13 *N*
Montesquieu-Fezensac r.	12	48	N23
Montevidéo r. de	16	15-27	G5
de Montfaucon r.	6	31	K13 *N*
Montgallet pass.	12	46	L20
Montgallet r.	12	46	L20 *S*
Montgolfier r.	3	32	G16
Monthiers cité	9	18	E12 *N*
de Montholon r.	9	20-19	E15-E14
Montibœufs r. des	20	35	G22
Monticelli r.	14	54	R12 *S*
Montmartre bd		19	F14
nᵒˢ impairs	2		
nᵒˢ pairs	9		
Montmartre cité	2	31	G14 *S*
Montmartre galerie	2	19	F14 *S*
Montmartre porte de	18	7	A13-B13
Montmartre r.		31-19	H14-F14
nᵒˢ 1-21, 2-36	1		
nᵒˢ 23-fin, 38-fin	2		
de Montmorency av.	16	38	K4-K3
de Montmorency bd	16	26-38	J3-K3
de Montmorency r.	3	32	H16-H15
de Montmorency villa	16	26-38	K3
Montorgueil r.		31	H14-G14
nᵒˢ 1-35, 2-40	1		
nᵒˢ 37-fin, 42-fin	2		
nᵒˢ impairs	6		
Montparnasse bd du		42-43	L11-M13
nᵒˢ 2-66	15		
nᵒˢ 68-fin	14		
Montparnasse pass.	14	42	L11-M11
Montparnasse r. du		42	L12-M12
nᵒˢ 1-35, 2-40	6		
nᵒˢ 37-fin, 42-fin	14		
de Montpensier galerie	1	31	G13 *S*
de Montpensier r.	1	31	H13-G13
Montreuil porte de	20	36	J23-J24
Montreuil r. de	11	34-35	K19-K21
Montrouge porte de	14	54	R11
Montsouris allée de	14	55	R13
Montsouris parc	14	55	R 13
Montsouris sq. de	14	55	R13
de Monttessuy r.	7	28	H8 *S*
de Montyon r.	9	19	F14
Mony r.	16	27	G5
Morand r.	11	21	G18 *N*
Moreau r.	12	45-33	K18
Morère r.	14	54	R11 *N*
Moret r.	11	22-34	G19
Morieux cité	15	28	J8-K8
Morillons r. des	15	40-53	N8-N9
Morland bd	4	33-45	K17
Morland pont	12	45	L17 *N*
Morlet imp.	11	35	K21
Morlot r.	9	18	E12
Mornay r.	4	45	K17
de Moro-Giafferi pl.	14	42	N11
Mortier bd	20	36-23	G23-E22
Morvan r. du	11	34	H19 *S*
Moscou r. de	8	18	E12-D11
Moselle pass. de la	19	22	D19
Moselle r. de la	19	9-21	D18 *N*
Moskowa cité de la	18	7	B13 *N*
Mouffetard r.	5	44	L15-M15
Mouffetard-Monge galerie	5	44	L15-M15
Moufle r.	11	33	H18 *S*
Moulin-de-la-Pointe r. du	13	56	R16
Moulin-de-la-Vierge r. du	14	41-53	N10 *S*
Moulin-des-Prés pass.	13	56	P15 *N*
Moulin-des-Prés r. du	13	56	P15-R16
Moulin-Joly r. du	11	22	G19-F19
Moulin-Vert imp. du	14	54	P11 *N*
Moulin-Vert r. du	14	54	P12-N11
Moulinet pass. du	13	56	P15 *S*
Moulinet r. du	13	56	P16-P15
Moulins r. des	1	31	G13
Mounet-Sully r.	20	47	K22 *S*
Mouraud r.	20	36	J23
Mousset imp.	12	46	L20
Mousset-Robert r.	12	47	L22 *S*
de Moussy r.	4	32	J16 *N*
Mouton-Duvernet r.	14	54	N12 *S*
Mouzaïa r. de	19	23-22	E21-E20
Moynet cité	12	46	L20 *S*
Mozart av.	16	27-26	J5-K4
Mozart sq.	16	26	J4
Mozart villa	16	26	J4-K4
Muette chaussée de la	16	27-26	J5-J4
Muette porte de la	16	26	H4
Mulhouse r. de	2	19	G14
Mulhouse villa	16	38	M3
Muller r.	18	7	C14-D14
Murat bd	16	38	L3-M4
Murat villa	16	38	M3 *S*
Mûriers r. des	20	34	H20-G20
Murillo r.	8	17	E9
de Musset r.	16	38	M4-M3
Mutualité sq. de la	5	44	K15 *S*
Myrha r.	18	8	C16-D15
Myron-Timothy-Herrick av.	8	17	F10

n

Nom	Arrondissement	Plan n°	Repère
Naboulet imp.	17	6	B11
Nancy r. de	10	20	F16
Nanettes r. des	11	34	H19-G19
Nansouty imp.	14	55	R13 *S*
Nansouty r.	14	55	R13
Nantes r. de	19	10	C19-B19
Nanteuil r.	15	41	N9
Naples r. de	8	18-17	E11-E10
Napoléon cour	1	31	H13
Napoléon III pl.	10	20	E15-E16
Narbonne r. de	7	30	K12 *N*
Narcisse-Diaz r.	16	38	L4 *N*
Narvik pl. de	8	17	E10 *S*
Nation pl. de la		47	K21 *S*
nᵒˢ impairs	11		
nᵒˢ pairs	12		
National pass.	13	57	R18-R17
National pont	12	58	P20
Nationale imp.	13	57	R17 *N*
Nationale pl.	13	57	P17
Nationale r.	13	57	R17-N17
Nations-Unies av. des	16	28	H7
Nattier pl.	18	7	C13
Navarin r. de	9	19	E13 *N*
Navarre r. de	5	44	L15
Navier r.	17	6	B12-B11
Necker r.	4	33	J17
Négrier cité	7	29	J9 *N*
Nélaton r.	15	28	J7-K7
Nemours r. de	11	33	G18 *S*
de Nesle r.	6	31	J13
Neuf pont	1	31	J14
Neuilly av. de	16	15	E6
Neuve-de-la-Chardonnière r.	18	8	B15
Neuve-des-Boulets r.	11	34	J20 *S*
Neuve-Popincourt r.	11	33	G18-H18
Neuve-St-Pierre r.	4	33	J17 *S*
Néva r. de la	8	16	E8
Nevers imp. de	6	31	J13
Nevers r. de	6	31	J13
New-York av. de	16	28	H8-J7
Newton r.	16	16	F8 *S*
Ney bd	18	9-6	A17-B12
Nicaragua pl. du	17	5-17	D9 *N*
Nice r. de	11	34	J20 *S*
Nicolaï r.	12	47	N21-M21
Nicolas imp.	20	36	J23 *N*
Nicolas-Charlet r.	15	41	L10-M10
Nicolas-Chuquet r.	17	5	C9
Nicolas-Flamel r.	4	32	J15-H15
Nicolas-Fortin r.	13	56	P16 *N*
Nicolas-Houël r.	5	45-44	M17-M16
Nicolas-Roret r.	13	44	N15 *N*
Nicolas-Taunay r.	14	54	R11
Nicolay sq.	17	6	C11 *S*
Nicolet r.	18	7	C14
Nicolo r.	16	27	J6-H5
Niel av.	17	16	E8-D8
Niel villa	17	16	D8 *S*
Niepce r.	14	42	N11
Nieuport villa	13	57	R18 *N*
Niger r. du	12	48	L23
Nil r. du	2	20-32	G15
Nobel r.	18	7	C14
Nocard r.	15	28	J7 *S*
Noël cité	3	32	H15-H16
Noël-Ballay r.	20	48	K23 *S*
Noisiel r. de	16	15	G5 *N*
Noisy-le-Sec r. de		24	F23-E24
nᵒˢ 1-47, 2-72	20		
autres nᵒˢ impairs	Les Lilas		
autres nᵒˢ pairs	Bagnolet		
Nollet r.	17	6	D11-C11
Nollet sq.	17	6	C11
Nollez cité	18	7	B13
Nom-de-Jésus cour du	11	33	K18 *N*
Nonnains-d'Hyères r. des	4	32	J16 *S*
Nord pass. du	19	10-22	D19
Nord r. du	18	8	B15 *S*
Normandie r. de	3	33	H17 *N*
Norvins r.	18	7	C14-C13
Notre-Dame pont	4	32	J15
Notre-Dame-de-Bonne-Nouvelle r.	2	20	G15-F15
N.-D.-de-Lorette r.	9	19	E13
N.-D.-de-Nazareth r.	3	32-20	G16-G15
N.-D.-de-Recouvrance r.	2	20	G15-F15
N.-D.-des-Champs r.	6	42-43	L12-M13
N.-D.-des-Victoires r.	2	19-31	G14
Nouveau-Belleville sq. du	20	22	G19
Nouveau Conservatoire av. du	19	10	C20
Nouvelle villa	8	16	E8 *S*
Nouvelle-Calédonie r. de la	12	48	M23 *S*
Noyer-Durand r. du	19	11	D21-C21
Nungesser-et-Coli r.	16	37	L2

*Les rues de Paris sont numérotées par rapport à la Seine :
la maison n° 1 est la plus proche du fleuve lorsque la rue s'en écarte,
en amont lorsqu'elle lui est parallèle.
Numéros impairs à gauche, numéros pairs à droite.*

42

43

Nom	Arrondissement	Plan n°	Repère
Panthéon pl. du	5	43	L14
Pantin porte de	19	11	C21
Pape-Carpentier r.	6	30	K12
Papillon r.	9	20-19	E15-E14
Papin r.	3	32	G15
Paradis cité	10	20	F15 N
Paradis r. de	10	20	F16-E15
Paraguay pl. du	16	15	F5 S
Parc villa du	19	22	E19 S
Parc-de-Charonne chemin du	20	35	H22
Parc-de-Choisy allée du	13	56	P16
Parc-de-Montsouris r. du	14	55	R13
Parc-de-Montsouris villa du	14	55	R13
Parc-de-Passy av. du	16	27	J6
Parc-des-Princes av. du	16	37	L2-M2
Parc-Royal r. du	3	33	J17 N
Parchappe cité	11	33	K18 N
Parcheminerie r. de la	5	31	K14
Parent-de-Rosan r.	16	38	M3
Parme r. de	9	18	D12 S
Parmentier av.		34-21	J19-F17
nos 1-135, 2-150	11		
nos 137-fin, 152-fin	10		
Parnassiens galerie des	14	42	L12-M12
Parrot r.	12	45	L18 N
Partants r. des	20	34-35	G20-G21
Parvis-du-Sacré-Cœur pl. du	18	7	D14 N
Parvis-Notre-Dame pl. du	4	32	J15-K15
Pas-de-la-Mule r. du		33	J17
nos impairs	4		
nos pairs	3		
Pascal r.		44	M15-N15
nos 1-25, 2-30	5		
nos 27-fin, 32-fin	13		
Pasdeloup pl.	11	33	H17 N
Pasquier r.	8	18	F11
Passy pl. de	16	27	J5 N
Passy port de	16	28-27	J7-K6
Passy porte de	16	26	J3 N
Passy r. de	16	27	J6-J5
Pasteur bd	15	41	L10-M10
Pasteur r.	11	33	H18
Pasteur sq.	15	41	L 10
Pasteur-Marc-Bœgner r.	16	27	H6
Pasteur-Wagner r. du	11	33	J17-J18
Pastourelle r.	3	32	H16
Patay r. de	13	57	R18-P18
Patenne sq.	20	35-47	K22
Patriarches pass. des	5	44	M15 N
Patriarches r. des	5	44	M15 N
Patrice-Boudart villa	16	27	K5
Patrice-de-la-Tour-du-Pin r.	20	36	K23
Pâtures r. des	16	39	K5
Paturle r.	14	53	P9 N
Paul-Adam av.	17	4	C8 S
Paul-Albert r.	18	7	D14-C14
Paul-Appell av.	14	54	R12 S
Paul-Barruel r.	15	41	M9
Paul-Baudry r.	8	17	F9
Paul-Beauregard pl.	16	38	K4 S
Paul-Bert r.	11	34	K19
Paul-Blanchet sq.	12	47	N22
Paul-Bodin r.	17	5-6	B10-B11
Paul-Borel r.	17	17	D9
Paul-Bourget r.	13	56	S16
Paul-Cézanne r.	8	17	F9 N
Paul-Chautard r.	15	40	L8
Paul-Claudel pl.	6	43	K13 S
Paul-Crampel r.	12	47	M22 N
Paul-de-Kock r.	19	23	E21
Paul-Delaroche r.	16	27	J5-H5
Paul-Delmet r.	15	40	N7-N8
Paul-Déroulède av.	15	28-40	K8
Paul-Deschanel allée	7	28	H8
Paul-Doumer av.	16	27	H6-J5
Paul-Dubois r.	3	32	G16 S
Paul-Dupuy r.	16	27-39	K5
Paul-Eluard pl.	18	8	C16
Paul-Escudier r.	9	18-19	E12-E13
Paul-et-Jean-Lerolle r.	7	29	H10
Paul-Féval r.	18	7	C14
Paul-Fort r.	14	54	R12
Paul-Gervais r.	13	56-55	N15-P14
Paul-Hervieu r.	15	39	L6 N
Paul-Jean-Toulet r.	20	35	J22
Paul-Leautaud pl.	17	4	C8 S
Paul-Lelong r.	2	19-31	G14
Paul-Louis-Courier imp.	7	30	J11
Paul-Louis-Courier r.	7	30	J12-J11
Paul-Meurice r.	20	24	F23-E23
Paul-Painlevé pl.	5	31-43	K14
Paul-Paray sq.	17	5	C9
Paul-Reynaud pl.	16	38	M3
Paul-Saunière r.	16	27	H6 S
Paul-Séjourné r.	6	42	M12 N
Paul-Signac pl.	20	23-35	G22
Paul-Strauss r.	20	35-36	G22-G23
Paul-Vaillant-Couturier av.		55	S14-S13
nos pairs, 142-156	14		
autres nos	Gentilly		
Paul-Valéry r.	16	16	G7-F7
Paul-Verlaine pl.	13	56	P15
Paul-Verlaine villa	19	22	D20 S
Paulin-Enfert r.	13	56-57	S16-S17
Paulin-Méry r.	13	56	P15 N
Pauline-Kergomard r.	20	35	J22
Pauly r.	14	53	P10 N
Pavée r.	4	32	J16
Pavillons av. des	17	16	D7 S
Pavillons imp. des	18	7	B13 N
Pavillons r. des	20	23	F21
Payenne r.	3	32-33	J16-J17
Péan r.	13	57	R18
Péclet r.	15	40	L8-M8
Pecquay r.	4	32	H16 S
Pégoud r.	15	38	N4 N
Péguy r.	6	42	L12 S
Peintres imp. des	2	32	H15 N
Pékin pass. de	20	22	F19 S
Pelée r.	11	33	H17-H18
Pèlerin imp. du	17	5	B10
Pélican r. du	1	31	H14-H13
Pelleport r.	20	35-23	H22-F21
Pelleport villa	20	23	F21
Pelouze r.	8	18	D11 S
Penel pass.	18	7	B14
Pensionnat r. du	12	47	L21 N
Penthièvre r. de	8	18-17	F11-F10
Pépinière r. de la	8	18	F11 N
Perceval r. de	14	42	M11
Perchamps r. des	16	38	K4 S
Perche r. du	3	32	H16

Nom	Arrondissement	Plan n°	Repère
Percier av.	8	17	F10 N
Perdonnet r.	10	20	D16
Père-Brottier r. du	16	26-38	K4
Père-Chaillet pl. du	11	34	J19
Père-Corentin r. du	14	54	P12-R12
Père-Guérin r. du	13	56	P15 N
Père-Julien-Dhuit allée du	20	22	F20
Père-Julien-Dhuit r. du	20	22	F19-F20
Père-Lachaise av. du	20	35	H21 N
Père-Marcellin-Champagnat pl. du	16	27	J6
Père-Teilhard-de-Chardin pl. du	4	33	K17
Père-Teilhard-de-Chardin r.	5	44	M15 N
Pereire bd	17	5-15	C10-E6
Pergolèse r.	16	15	E6-F6
Périchaux r. des	15	52	P8 N
Pérignon r.		41	K10-L9
n°s 2-28	7		
n°s impairs, 30-fin	15		
Périgord sq. du	20	36	J23 S
Périgueux r. de	19	23	D21
Perle r. de la	3	32	H16 S
Pernelle r.	4	32	J15 N
Pernette-du-Guillet allée	19	21	F18-F19
Pernety r.	14	42-41	N11-N10
Pérou pl. du	8	17	E9 S
Perrault r.	1	31	H14 S
Perrée r.	3	33-32	H17-G16
Perreur pass.	20	23	G22 N
Perreur villa	20	23	G22 N
Perrichont av.	16	39	K5 S
Perronet r.	7	30	J12
Pers imp.	18	7	C14
Pershing bd	17	15	D6-E6
Pestalozzi r.	5	44	L15-M15
Petel r.	15	40	M8 N
Péterhof av. de	17	16	D7 S
Petiet r.	17	6	B12
Pétin imp.	19	23	E21
Pétion r.	11	34	J19-H19
Petit r.	19	22-11	D19-D21
Petit-Cerf pass.	17	5	B10 S
Petit-Modèle imp. du	13	44-56	N16 S
Petit-Moine r. du	5	44	M15 S
Petit-Musc r. du	4	33	K17-J17
Petit-Pont	4	31	J14-K14
Petit-Pont pl. du	5	31	K14 N
Petit-Pont r. du	5	31	K14 N
Petite-Arche r. de la	16	38	N3 N
Petite-Boucherie pass.	6	31	J13 S
Petite-Pierre r. de la	11	34	J20 S
Petite-Truanderie r. de la	1	32	H15 N
Petites-Écuries cour des	10	20	F15
Petites-Écuries pass. des	10	20	F15
Petites-Écuries r. des	10	20	F15
Petitot r.	19	23	E21 S
Petits-Carreaux r. des	2	31-20	G14-G15
Petits-Champs r. des		31	G13
n°s impairs	1		
n°s pairs	2		
Petits-Hôtels r. des	10	20	E15
Petits-Pères pass. des	2	31	G14
Petits-Pères pl. des	2	31	G14
Petits-Pères r. des	2	31	G14
Petits-Ponts rte des	19	11	C21-B21
Pétrarque r.	16	27	H6
Pétrarque sq.	16	27	H6
Pétrelle r.	9	20-19	E15-E14
Pétrelle sq.	9	20	E15 N
Peupliers av. des	16	38	K3 S
Peupliers poterne des	13	56	R15
Peupliers r. des	13	56	R15
Peupliers sq. des	13	56	P15-R15
Phalsbourg cité de	11	34	J19-J20
Phalsbourg r. de	17	17	D9 S
Philibert-Delorme r.	17	4-5	C8-C9
Philibert-Lucot r.	13	57-56	R17-R16
Philidor r.	20	36	K23
Philippe-Auguste av.	11	47-34	K21-J20
Philippe-Auguste pass.	11	35	K21
Philippe-de-Champagne r.	13	44-56	N16 S
Philippe-de-Girard r.		20-8	E16-C16
n°s 1-33, 2-34	10		
n°s 35-fin, 36-fin	18		
Philippe-Hecht r.	19	22-21	E19-E18
Piat r.	20	22	F20-F19
Pic-de-Barette r. du	15	9	L5-M5
Picardie r. de	3	33	H17 N
Piccini r.	16	15	F6 N
Picot r.	16	15	F6 S
Picpus bd de	12	47	M22-L21
Picpus r. de	12	46-47	K20-N22
Piémontési r.	18	19	D13
Pierre-au-Lard r.	4	32	H15
Pierre-Bayle r.	20	34	J20-H20
Pierre-Bonnard r.	20	35	H22
Pierre-Bourdan r.	12	46	L20 N
Pierre-Brisson pl.	16	28	G8 S
Pierre-Brossolette r.	5	44-43	M15-M14
Pierre-Budin r.	18	8	C15
Pierre-Bullet r.	10	20	F16 S
Pierre-Charron r.	8	16-17	G8-F9
Pierre-Chausson r.	10	20	F16 S
Pierre-de-Coubertin pl.	16	38	N3 N
Pierre-Demours r.	17	16	E7-D8
Pierre-Dupont r.	10	21	E17
Pierre-et-Marie-Curie r.	5	43	L14
Pierre-Foncin r.	20	24	F23 S
Pierre-Ginier r.	18	6	C12 S
Pierre-Ginier villa	18	6	C12 S
Pierre-Girard r.	19	10	D19 N
Pierre-Gourdault r.	13	57	N18-P18
Pierre-Guérin r.	16	26-38	K4
Pierre-Haret r.	9	18	D12
Pierre-Jean-Jouve r.	19	10	C20
Pierre-Lafue pl.	6	42	L12
Pierre-Lampué pl.	5	43	M14 N
Pierre-Larousse r.	14	53	P10
Pierre-Lazareff pl.	2	32	G15
Pierre-le-Grand r.	8	16	E8
Pierre-Le-Roy r.	14	53	P10 S
Pierre-l'Ermite r.	18	20-8	D16 N
Pierre-Leroux r.	7	42	K11 S
Pierre-Lescot r.	1	32	H15
Pierre-Levée r. de la	11	21-33	G18
Pierre-Loti av.	7	28	J8
Pierre-Louys r.	16	27-39	K5
Pierre-Mac-Orlan pl.	18	8-9	B16-B17
Pierre-Masse av.	14	55	S13
Pierre-Mille r.	15	40-52	N7
Pierre-Mouillard r.	20	36	G23
Pierre-Nicole r.	5	43	M14-M13
Pierre-Picard r.	18	7-19	D14

Nom	Arrondissement	Plan n°	Repère
Pierre-1er-de-Serbie av.		16-28	G8
nos 1-33, 2-28	16		
nos 35-fin, 30-fin	8		
Pierre-Quillard r.	20	36	G23
Pierre-Rebière r.	17	6-5	A11-B10
Pierre-Reverdy r.	19	9-10	D18-D19
Pierre-Sarrazin r.	6	31	K14
Pierre-Semard r.	9	19-20	E14-E15
Pierre-Soulié r.	20	24	F23
Pierre-Villey r.	7	29	H9 S
Piet-Mondrian r.	15	39	L5
Pigalle cité	9	19	E13 N
Pigalle pl.	9	19	D13 S
Pigalle r.	9	19	E13-D13
Pihet r.	11	33	H18 N
Pilâtre de Rozier allée	16	26	H4-J4
Pillet-Will r.	9	19	F13
Pilleux cité	18	6	C12
Pinel pl.	13	44	N16
Pinel r.	13	44	N16
Pirandello r.	13	44	M16-N16
Pissarro r.	17	4	C8
Piver imp.	11	21	F18 S
Piver pass.	11	21	F18 S
Pixérécourt imp.	20	23	F21
Pixérécourt r.	20	23	F21
Plaine porte de la	15	52	P7
Plaine r. de la	20	35-47	K21-K22
Plaisance porte de	15	52	P8
Plaisance r. de	14	42-54	N11 S
Planchart pass.	20	23	F22 S
Planchat r.	20	35	K21-J21
Planchette imp. de la	3	20	G16 N
Planchette ruelle de la	12	46	M20
Plantes jardin des	5	44	L 16
Plantes r. des	14	54	N11-R11
Plantes villa des	14	54	P11 N
Plantin pass.	20	22	F20 S
Plat-d'Étain r. du	1	31	H14S
Platanes villa des	18	19	D13
Plateau pass. du	19	22	E20
Plateau r. du	19	22	E20-E19
Platon r.	15	41	M10 S
Plâtre r. du	4	32	H16-H15
Plâtrières r. des	20	22-34	G20
Plélo r. de	15	40-39	M7-M6
Pleyel r.	12	46	M20
Plichon r.	11	34	H20
Plumet r.	15	41	M9
Poinsot r.	14	42	M11 N
Point-du-jour porte du	16	38	M3
Point-Show galerie	8	17	F9 S
Pointe sentier de la	20	35	J22
Pointe-d'Ivry r. de la	13	57	R17
Poirier villa	15	41	L9
Poirier-de-Narçay r.	14	54	R12-R11
Poissonnerie imp. de la	4	33	J17
Poissonnière bd		19	F14 S
nos impairs	2		
nos pairs	9		
Poissonnière r.	2	20	G15-F15
Poissonnière villa	18	8	D15 N
Poissonniers porte des	18	8	A15 S
Poissonniers r. des	18	8	D15-B15
Poissy r. de	5	44	K15
Poitevins r. des	6	31	K14 N
Poitiers r. de	7	30	H12-J12
Poitou r. de	3	33-32	H17-H16
Pôle-Nord r. du	18	7	B13
Poliveau r.	5	44	M16
Pologne av. de	16	15	G5 N
Polonceau r.	18	8	D15
Pomereu r. de	16	15	G5
Pommard r. de	12	46	N20-M19
Pompe r. de la	16	27-15	J5-F6
Ponceau pass. du	2	20-32	G15
Ponceau r. du	2	32	G15
Poncelet pass.	17	16	E8 N
Poncelet r.	17	16	E8
Pondichéry r. de	15	28-40	K8
Poniatowski bd	12	58-47	P20-N22
Ponscarme r.	13	57	P17 S
Pont-à-Mousson r. de	17	6	A11 S
Pont-aux-Biches pass. du	3	20-32	G16
Pont-aux-Choux r. du	3	33	H17
Pont-de-Lodi r. du	6	31	J14 S
Pont-Louis-Philippe r. du	4	32	J16
Pont-Mirabeau rd-pt du	15	39	L5 N
Pont-Neuf pl. du	1	31	J14
Pont-Neuf r. du	1	31	H14 S
Ponthieu r. de	8	17	F10-F9
Pontoise r. de	5	32-44	K15
Popincourt cité	11	33	H18
Popincourt imp.	11	33	H18 S
Popincourt r.	11	34-33	J19-H18
Port-au-Prince pl. de	13	57	S17 N
Port-Mahon r. de	2	19	G13 N
Port-Royal bd de		44-43	M15-M13
nos 1-93	13		
nos 95-fin	14		
nos pairs	5		
Port-Royal sq. de	13	43	M14 S
Port-Royal villa de	13	43	M14 S
Portalis r.	8	18	E11
Pte-Brancion av. de la	15	52	P8
Pte-Brunet av. de la	19	23	D21
Pte-Chaumont av. de la	19	11	D21 N
Pte-d'Asnières av. de la	17	5-4	C9-B8
Pte-d'Aubervilliers av.		9	A18
nos impairs	18		
nos pairs	19		
Pte-d'Auteuil av. de la	16	37	K2-K1
Pte-d'Auteuil pl. de la	16	38	K3 S
Pte-de-Bagnolet av. de la	20	36	G23 S
Pte-de-Bagnolet pl. de la	20	36	G23-H23
Pte-de-Champerret av.	17	3-4	D7-D6
Pte-de-Champerret pl.	17	4	D7 N
Pte-de-Charenton av. de la	12	59	N21-P22
Pte-de-Châtillon av. de la	14	54-53	R11-R10
Pte-de-Châtillon pl. de la	14	54	R11 N
Pte-de-Choisy av. de la	13	57	S17
Pte-de-Clichy av. de la	17	5	B10
Pte-de-Clignancourt av.	18	7	A14
Pte-de-Gentilly av. de la		55	S14
nos impairs	13		
nos pairs	14		
Pte-de-la-Chapelle av.	18	8	A16
Pte-de-la-Plaine av. de la	15	52	P7
Pte-de-la-Villette av. de la	19	10	A20
Pte-de-Ménilmontant av.	20	24	F23 S
Pte-de-Montmartre av.	18	7	A13
Pte-de-Montreuil av. de la	20	36	J23 S
Pte-de-Montreuil pl. de la	20	36	J23 S
Pte-de-Montrouge av.	14	54	R11

Nom	Arrondissement	Plan n°	Repère
Pte-de-Pantin av. de la	19	11	C21
Pte-de-Pantin pl. de la	19	11	C21
Pte-de-Passy pl. de la	16	26	J3 N
Pte-de-Plaisance av.	15	52	P8
Pte-de-Sèvres av. de la	15	39	N5
Pte-de-St-Cloud av. de la	16	37	M2
Pte-de-St-Cloud pl. de la	16	37-38	M2-M3
Pte-de-St-Ouen av. de la	16	6	A12
nos impairs	17		
nos pairs	18		
Pte-de-Vanves av. de la	14	53	P9-R9
Pte-de-Vanves pl. de la	14	53	P9 S
Pte-de-Vanves sq. de la	14	53	P9-R9
Pte-de-Versailles pl.	15	40-52	N7 S
Pte-de-Villiers av. de la	17	3-15	D6
Pte-de-Vincennes av.		48	L24-L23
nos 2-24, 143-151	12		
nos 1-23, 198	20		
Pte-de-Vitry av. de la	13	58	R19
Pte-des-Lilas av. de la		23-24	E22-E23
nos impairs	19		
nos pairs	20		
Pte-des-Poissonniers av.	18	8	A15
Pte-des-Ternes av. de la	17	15	D6 S
Pte-Didot av. de la	14	53	P10 S
Pte-d'Issy r. de la	15	39	N6
Pte-d'Italie av. de la	13	56	S16
Pte-d'Ivry av. de la	13	57	S18-R17
Porte-Dorée villa de la	12	47	N22
Pte-d'Orléans av. de la	14	54	R12 S
Pte-du-Pré-St-Gervais av. de la	19	23	E22-D22
Pte-Maillot pl. de la	16	15	E6
Pte-Molitor av. de la	16	37	L2
Pte-Molitor pl. de la	16	37-38	L2-L3
Pte-Pouchet av. de la	17	6	B11-A11
Portefoin r.	3	32	H16 N
Portes-Blanches r. des	18	8	C15 N
Portugais av. des	16	16	F7 S
Possoz pl.	16	27	H5 S
Postes pass. des	5	44	M15 N
Pot-de-Fer r. du	5	44	L15 S
Poteau pass. du	18	7	B13 N
Poteau r. du	18	7	B14-B13
Poterne-des-Peupliers r.	13	56	R15-S15
Potier pass.	1	31	G13 S
Pottier cité	19	23	B18-C18
Pouchet pass.	17	6	B11
Pouchet porte	17	6	A11-B11
Pouchet r.	17	6	C11-B11
Poulbot r.	18	7	C13-D14
Poule imp.	20	35	J21-K21
Poulet r.	18	8	C15 S
Poulletier r.	4	32	K16
Poussin r.	16	38	K4-K3
Pouy r. de	13	56	P15 S
Pradier r.	19	22	F19-E19
Prado pass. du	10	20	G15-F15
Prague r. de	12	33-45	K18 S
Prairies r. des	20	35	H22
Pré r. du	18	8	B16 N
Pré-aux-Chevaux sq. du	16	27	K5
Pré-aux-Clercs r. du	7	30	J12
Pré-St-Gervais porte du	19	23	D21-D22
Pré-St-Gervais r. du	19	23	E21 S
Préault r.	19	22	E19
Prêcheurs r. des	1	32	H15
Presbourg r. de		16	F8-F7
nos 1-2	8		
nos 3-fin, 4-fin	16		
Présentation r. de la	11	22-21	F19-F18
Président-Édouard-Herriot pl. du	7	30	H11
Président-Kennedy av. du	16	28-27	J7-K5
Président-Mithouard pl. du	7	29	K10
Président-Wilson av. du		28	G8-H7
nos impairs, nos 8-fin	16		
nos 2-6	8		
Presles imp. de	15	28	K8 N
Presles r. de	15	28	K8 N
Pressoir r. du	20	22	G19 N
Prêtres imp. des	16	27	G6 S
Prêtres-St-Germain-l'Auxerrois r. des	1	31	H14 S
Prêtres-St-Séverin r. des	5	31	K14 N
Prévost-Paradol r.	14	53	P9 S
Prévôt r. du	4	32	J16 S
Prévoyance r. de la	19	22-23	D20-D21
Primatice r.	13	44	N16
Primevères imp. des	11	33	J17-H18
Princes pass. des	2	19	F13 S
Princesse r.	6	31	K13 N
Printemps r. du	17	5	C9 S
Prisse-d'Avennes r.	14	54	R12-P12
Procession r. de la	15	41	M9-N10
Professeur-André-Lemierre av. du		36	J24-J23
nos impairs	20		
nos pairs	Montreuil-Bagnolet		
Professeur-Gosset r. du	18	8-7	A15-A14
Professeur-Hyacinthe-Vincent r. du	14	54	R12-S12
Professeur-Louis-Renault r. du	13	56	R16-R15
Progrès villa du	19	23	E21 N
de Prony r.	17	17-16	E9-D8
Prosper-Goubaux pl.		17	D10 S
nos impairs	8		
nos pairs	17		
Prost cité	11	34	K20 N
Proudhon r.	12	46	M20 S
Prouvaires r. des	1	31	H14
Provence av. de	9	19	F13 N
Provence r. de		19-18	F14-F12
nos 1-125, 2-118	9		
nos 127-fin, 120-fin	8		
Providence imp. de la	20	35	J22 S
Providence r. de la	13	56-55	R15-P14
Prudhon av.	16	26	J4-H4
Pruniers r. des	20	34	H20 N
Puget r.	18	19	D13
Puits allée du	14	55	R13
Puits-de-l'Ermite pl. du	5	44	L15 S
Puits-de-l'Ermite r. du	5	44	L15-M15
Pusy cité de	17	5	C10 S
Puteaux pass.	8	18	F11
Puteaux r.	17	18	D11
Putigneux imp.	4	32	J16
Puvis-de-Chavannes r.	17	4	D8 N
Py r. de la	20	35	H22-G22
Pyramides pl. des	1	31-30	H13-H12
Pyramides r. des	1	31	H13-G13
Pyrénées r. des	20	47-22	K22-F20
Pyrénées villa des	20	35	J22-K22

Nom	Arrondissement	Plan n°	Repère

q

Nom	Arrondissement	Plan n°	Repère
Quatre-Fils r. des	3	32	H16
Quatre-Frères-Casadesus pl. des	18	7	C13
Quatre-Frères-Peignot r.	15	39	L6 *N*
Quatre-Septembre r. du	2	19	G13-F13
Quatre-Vents r. des	6	31	K13 *N*
de Quatrefages r.	5	44	L15 *S*
Québec pl. du	6	31	J13 *S*
Quellard cour	11	33	J18 *S*
Quentin-Bauchart r.	8	16-17	G8-F9
Quercy sq. du	20	36	K23-J23
Questre imp.	11	22	G19
Quinault r.	15	40	L8
Quincampoix r.		32	H15
n°s 1-63, 2-64	4		
n°s 65-fin, 66-fin	3		

r

Nom	Arrondissement	Plan n°	Repère
Rabelais r.	8	17	F10 *S*
Racan sq.	16	38	K3
Rachel av.	18	18-6	D12
Racine imp.	16	38	L3 *S*
Racine r.	6	31-43	K14-K13
Radziwill r.	1	31	G13 *S*
Raffaëlli r.	16	37	L2 *S*
Raffet imp.	16	26	K4
Raffet r.	16	26	K4-K3
Raguinot pass.	12	46	L19
Rambervillers r. de	12	47	M22 *N*
Rambouillet r. de	12	45-46	L18-L19
Rambuteau r.		32-31	H16-H14
n°s 1-73	4		
n°s 2-66	3		
n°s 75-fin, 68-fin	1		
Rameau r.	2	19	G13
Ramey pass.	18	7-8	C14-C15
Ramey r.	18	8-7	C15-C14
Rampal r.	19	22	F19
Rampon r.	11	33	G17
Ramponeau r.	20	22	F19
Ramus r.	20	35	H21
Rançon imp.	20	35	J22
Ranelagh av. du	16	26	J4 *N*
Ranelagh jardin du	16	26	H 4-J 4
Ranelagh r. du	16	27-26	K6-J4
Ranelagh sq. du	16	26	J4
Raoul r.	12	47	M21
Raoul-Dautry pl.	15	42	M11 *N*
Raoul-Dufy r.	20	34	G20
Raoul-Follereau pl.	10	21	E17
Rapée port de la	12	45	M18-L17
Rapée quai de la	12	45	M18-L17
Raphaël av.	16	26	H4-J4
Rapp av.	7	28	H8-J8
Rapp sq.	7	28	J8 *N*
Raspail bd		30-42	J12-N12
n°s 1-41, 2-46	7		
n°s 43-147, 48-136	6		
n°s 201-fin, 202-fin	14		
Rasselins r. des	20	36	J23
Rataud r.	5	43	L14-M14
Rauch pass.	11	34	J19 *S*
Ravignan r.	18	7	D13 *N*
Raymond pass.	13	56	R16 *S*
Raymond-Losserand r.	14	42-53	M11-P9
Raymond-Pitet r.	17	4	C8
Raymond-Poincaré av.	16	27-15	H6-F6
Raymond-Queneau r.	18	8	B16
Raymond-Radiguet r.	19	9	B18-C18
Raynouard r.	16	27	J6-K5
Raynouard sq.	16	27	J6 *N*
Réaumur r.		32-19	G16-G14
n°s 1-49, 2-72	3		
n°s 51-fin, 74-fin	2		
Rébeval r.	19	21-22	F18-F19
Récamier r.	7	30	K12 *N*
Récollets pass. des	10	20	F16 *N*
Récollets r. des	10	21-20	F17-F16
Recteur-Poincaré av. du	16	27-26	K5-J4
Reculettes r. des	13	56	N15 *S*
Redon r.	17	4-5	C8-C9
Refuzniks allée des	7	28	J7
Regard r. du	6	42	K12 *S*
Régis r.	6	42	K11 *S*
Réglises r. des	20	36	J23 *S*
Regnard r.	6	31-43	K13
Regnault r.	13	58-57	P19-R17
Reilhac pass.	10	20	F15-F16
Reille av.	14	55	P14-R13
Reille imp.	14	55	P14-P13
Reims bd de	17	4	C8
Reims r. de	13	57	P18
Reine cours la	8	30-29	G11-G10
Reine-Astrid pl. de la	8	29	G9 *S*
Reine-Blanche r. de la	13	44	M15-N15
Reine-de-Hongrie pass. de la	1	31	H14 *N*
Rembrandt r.	8	17	E9
Rémi-Belleau villa	19	10	D19
de Rémusat r.	16	39-38	K5-K4
Rémy-de-Gourmont r.	19	22-21	E19-E18
Remy-Dumoncel r.	14	55-54	P13-P12
Renaissance r. de la	8	29-17	G9
Renaissance villa de la	19	23	E21 *N*
Renard r. du	4	32	J15-H15
Renaudes r. des	17	16	E8-D8
Rendez-vous cité du	12	47	L22
Rendez-vous r. du	12	47	L22

Nom	Arrondissement	Plan n°	Repère
René-Bazin r.	16	26	J4-K4
René-Binet r.	18	7	A14-A13
René-Boulanger r.	10	20	G16 *N*
René-Boylesve av.	16	27	J6
René-Cassin pl.	1	31	H14
René-Coty av.	14	43-55	N13-R13
René-Fonck av.	19	24	E23
René-le-Gall sq.	13	56	N 15
René-Panhard r.	13	44	M16
René-Villermé r.	11	34	H20
Rennequin r.	17	16	E8-D8
Rennes r. de	6	31-42	J13-L11
Repos r. du	20	34	J20-H20
République av. de la	11	33-34	G17-H20
République pl. de la		21-33	G17
nᵒˢ impairs	3		
nᵒˢ 2-10	11		
nᵒˢ 12-16	10		
République-de-l'Équateur pl. de la	8	17	E9
République-Dominicaine pl. de la		17	E9 *N*
nᵒˢ impairs	8		
nᵒˢ pairs	17		
Résal r.	13	57	P18 *S*
Résistance pl. de la	7	28	H8
Retiro cité du	8	18	G11 *N*
Retrait pass. du	20	23	G21 *N*
Retrait r. du	20	23-35	G21
Reuilly bd de	12	46-47	M20-M21
Reuilly porte de	12	47	N22
Reuilly r. de	12	46-47	K20-M21
Réunion pl. de la	20	35	J22
Réunion r. de la	20	35	K22-J21
Réunion villa de la	16	38	L4 *S*
Reynaldo-Hahn r.	20	36-48	K23
Rhin r. du	19	22	D19
Rhin-et-Danube pl. de	19	23	D21 *S*
Rhône sq. du	17	4	C8
Ribera r.	16	26	K4
Riberolle villa	20	35	J21 *N*
Ribet imp.	15	40	L8 *N*
Riblette r.	20	35	H22 *S*
Ribot cité	11	22-34	G19
Riboutté r.	9	19	E14 *S*
Ricaut r.	13	56	P16 *N*
Richard imp.	15	41	N9
Richard-Baret pl.	17	18	D11
Richard-de-Coudenhove-Kalergi pl.	16	16	F8
Richard-Lenoir bd	11	33	J17-G17
Richard-Lenoir r.	11	34	J19
Richelieu pass. de	1	31	G13-H13
Richelieu r. de		31-19	H13-F14
nᵒˢ 1-53, 2-56	1		
nᵒˢ 55-fin, 58-fin	2		
Richemond r. de	13	57	P17
Richepance r.		18	G11-G12
nᵒˢ impairs	8		
nᵒˢ pairs	1		
Richer r.	9	20-19	F15-F14
Richerand av.	10	21	F17
Richomme r.	18	8	D15 *N*
Ridder r. de	14	53	N10 *S*
Riesener r.	12	46	L 20 *S*
Rigny r. de	8	18	F11 *N*
Rigoles r. des	20	23-22	F21-F20
Rimbaud villa	19	22	D20 *S*
Rimbaut pass.	14	54	P12 *N*
Rio-de-Janeiro pl. de	8	17	E10
Riquet r.		9-8	C18-C16
nᵒˢ 1-53, 2-64	19		
nᵒˢ 65-fin, 66-fin	18		
Riverin cité	10	20	F16-G16
Rivoli r. de		32-30	J16-G11
nᵒˢ 1-39, 2-96	4		
nᵒˢ 41-fin, 98-fin	1		
Robert imp.	18	7	B13
Robert-Blache r.	10	21	E17
Robert-Cavelier-de-la-Salle jardin	6	43	L 13
Robert-de-Flers r.	15	27-39	K6
Robert-Desnos pl.	10	21	E17
Robert-Esnault-Pelterie r.	7	29	H10
Robert-Estienne r.	8	17	G9 *N*
Robert-Etlin r.	12	58	P20
Robert-Fleury r.	15	40	L8
Robert-Houdin r.	11	21	F18 *S*
Robert-Le-Coin r.	16	27	J5 *S*
Robert-Lindet r.	15	40	N8
Robert-Lindet villa	15	40	N8
Robert-Planquette r.	18	19	D13
Robert-Schuman av.	7	29	H9
Robert-Turquan r.	16	26	K4 *N*
Roberval r.	17	6	B11
Robiac sq. de	7	29	J9 *N*
Robineau r.	20	35	G21 *S*
Robiquet imp.	6	42	L12 *S*
Rocamadour sq. de	16	26	K3 *N*
Rochambeau pl.	16	28	G8 *S*
Rochambeau r.	9	19	E14
Rochebrune pass.	11	34	H19
Rochebrune r.	11	34	H19
de Rochechouart bd		20-19	D15-D14
nᵒˢ impairs	9		
nᵒˢ pairs	18		
de Rochechouart r.	9	19	E14-D14
Rocher r. du	8	18	E11
Rockfeller av.	14	55	S14-R13
Rocroy r. de	10	20	E15-D15
Rodenbach allée	14	43	N13
Rodier r.	9	19	E14-D14
Rodin av.	16	27	H5 *N*
Rodin pl.	16	26	J4 *S*
Roger r.	14	42	N12 *N*
Roger-Bacon r.	17	16	D7 *S*
Roger-Bissière r.	20	35	J22
Roger-Verlomme r.	3	33	J17
Rohan cour de	6	31	K13 *N*
Rohan r. de	1	31	H13 *N*
Roi-d'Alger pass. du	18	8	B15
Roi-d'Alger r. du	18	7-8	B14-B15
Roi-de-Sicile r. du	4	32	J16
Roi-Doré r. du	3	33	H17 *S*
Roi-François cour du	2	32	G15
Roland-Dorgelès carr.	18	7	C13-C14
Roland-Garros sq.	20	24-36	G23
Roli r.	14	55	R14 *S*
Rolleboise imp.	20	35	J21-K21
Rollin r.	5	44	L15
Romain-Rolland bd	14	54-53	S12-R10
Romainville r. de	19	23	E21-E22
Rome cour de	3	32	H16 *N*
Rome cour de	8	18	E11 *S*

49

S

Nom	Arrondissement	Plan n°	Repère
St-Fiacre imp.	4	32	H15 *S*
St-Fiacre r.	2	19	G14-F14
St-Florentin r.		30-18	G11
nᵒˢ pairs	1		
nᵒˢ impairs	8		
St-François imp.	18	7	B14 *N*
St-Georges pl.	9	19	E13
St-Georges r.	9	19	F13-E13
St-Germain bd		44-30	K16-H11
nᵒˢ 1-73, 2-100	5		
nᵒˢ 75-175, 102-186	6		
nᵒˢ 177-fin, 188-fin	7		
St-Germain-des-Prés pl.	6	31	J13 *S*
St-Germain-l'Auxerrois r.	1	31	J14 *N*
St-Gervais pl.	4	32	J15
St-Gilles r.	3	33	J17 *N*
St-Gothard r. du	14	55	P13
St-Guillaume r.	7	30	J12
St-Hippolyte r.	13	44-43	N15-N14
St-Honoré r.		31-18	H14-G11
nᵒˢ 1-271, 2-404	1		
nᵒˢ 273-fin, 406-fin	8		
St-Honoré-d'Eylau av.	16	15-27	G6
St-Hubert r.	11	34	H19 *N*
St-Hyacinthe r.	1	30	G12 *S*
St-Irénée sq.	11	33	H18
St-Jacques bd	14	43-55	N14-N13
St-Jacques pl.	14	43	N13
St-Jacques r.	5	31-43	K14-M14
St-Jacques villa	14	55	N13 *S*
St-Jean r.	17	6	C11-C12
St-Jean-Baptiste-de-la-Salle r.	6	42	L11 *N*
St-Jérôme r.	18	8	D16-C16
Saint-John-Perse allée	1	31	H14
St-Joseph cour	11	33	K18 *N*
St-Joseph r.	2	19	G14 *N*
St-Jules pass.	18	7	B13 *N*
St-Julien-le-Pauvre r.	5	32-31	K15-K14
Saint-Just r.	17	5	B10 *N*
St-Lambert r.	15	40	M7-N7
Saint-Lambert sq;	15	40	L 8-M 8
St-Laurent r.	10	20	E16 *S*
St-Lazare r.		19-18	E13-F12
nᵒˢ 1-109, 2-106	9		
nᵒˢ 111-fin, 108-fin	8		
St-Louis cour	11	33	K18-J18
St-Louis pont	4	32	K15 *N*
St-Louis-en-l'Ile r.	4	32	K16-K15
St-Luc r.	18	8	D15 *N*
St-Mandé av. de	12	47-48	L21-L23
St-Mandé porte de	12	48	L23
St-Mandé villa de	12	47	L22-L21
St-Marc galerie	2	19	F14 *S*
St-Marc r.	2	19	F14-F13
de Saint-Marceaux r.	17	4	C8
St-Marcel bd		44	M16-M15
nᵒˢ impairs	13		
nᵒˢ pairs	5		
St-Martin bd		20	G16
nᵒˢ impairs	3		
nᵒˢ pairs	10		
St-Martin cité	10	20	F16
St-Martin r.		32-20	J15-G16
nᵒˢ 1-143, 2-152	4		
nᵒˢ 145-fin, 154-fin	3		
St-Mathieu r.	18	8	D16-D15
St-Maur pass.	11	34	H19 *N*
St-Maur r.		34-21	H19-F18
nᵒˢ 1-175, 2-176	11		
nᵒˢ 177-fin, 178-fin	10		
St-Médard r.	5	44	L15 *S*
St-Merri r.	4	32	H15 *S*
St-Michel bd		31-43	K14-M13
nᵒˢ impairs	5		
nᵒˢ pairs	6		
St-Michel pass	17	6	C12
St-Michel pl.		31	J14 *S*
nᵒˢ 1-7	5		
nᵒˢ 2-10, 9-13	6		
St-Michel pont	4	31	J14
St-Michel quai	5	31	K14-J14
St-Michel villa	18	6	C12
St-Nicolas cour	11	34	K20
St-Nicolas r.	12	33	K18
St-Ouen av. de		6	C12-B12
nᵒˢ impairs	17		
nᵒˢ pairs	18		
St-Ouen imp.	17	6	B12 *S*
St-Ouen porte de	17	6	A12
St-Paul imp.	20	35	J22
St-Paul pass.	4	32	J16 *S*
St-Paul r.	4	32-33	K16-J17
St-Philippe r.	2	20	G15 *N*
St-Philippe-du-Roule pass.	8	17	F10
St-Philippe-du-Roule r.	8	17	F9
St-Pierre cour	17	6	C12-C11
St-Pierre imp.	20	35	J22-J21
St-Pierre pl.	18	19	D14
St-Pierre-Amelot pass.	11	33	H17-H18
St-Placide r.	6	42	L12-K11
St-Quentin r. de	10	20	E16
St-Roch pass.	1	31	G13 *S*
St-Roch r.	1	30-31	H12-G13
St-Romain r.	6	42	K11-L11
St-Romain sq.	6	42	K11-L11
St-Rustique r.	18	7	C14 *S*
St-Sabin pass.	11	33	J18
St-Sabin r.	11	33	J18-H17
St-Saëns r.	15	28	J7-K7
St-Sauveur r.	2	32	G15 *S*
St-Sébastien imp.	11	33	H18
St-Sébastien pass.	11	33	H17-H18
St-Sébastien r.	11	33	H17-H18
de Saint-Senoch r.	17	16	D7 *S*
St-Séverin r.	5	31	K14 *N*
de Saint-Simon r.	7	30	J11
Saint-Simoniens pass.	20	23	F21 *S*
St-Spire r.	2	20	G15 *N*
St-Sulpice pl.	6	31	K13
St-Sulpice r.	6	31	K13
St-Thomas-d'Aquin pl.	7	30	J12
St-Thomas-d'Aquin r.	7	30	J12
St-Victor r.	5	44	K15 *S*
St-Vincent imp.	19	22	E20
St-Vincent r.	18	7	C14-C13
St-Vincent-de-Paul r.	10	20	E15-D15
St-Yves r.	14	55-54	R13-P12
Ste-Anastase r.	3	33	H17 *S*
Ste-Anne pass.	2	19	G13
Ste-Anne r.		19-31	G13
nᵒˢ 1-47, 2-38	1		
nᵒˢ 49-fin, 40-fin	2		

Nom	Arrondissement	Plan n°	Repère
Seurat villa	14	54-55	P12-P13
Séverine sq;	20	36	G 23
Severo r.	14	42-54	N11 *S*
Seveste r.	18	19	D14
de Sévigné r.		32-33	J16-J17
nᵒˢ 1-21, 2-34	4		
nᵒˢ 23-fin, 36-fin	3		
Sèvres porte de	15	39	N5
Sèvres r. de		30-41	K12-L10
nᵒˢ 1-143, 2-8	6		
nᵒˢ 10-98	7		
nᵒˢ 145-fin, 100-fin	15		
Sévrien galerie le	6	42	K11-L11
Sextius-Michel r.	15	28	K7
de Sèze r.		18	F12 *S*
nᵒˢ 1-11, 2-18	9		
nᵒˢ 13-fin, 20-fin	8		
Sfax r. de	16	15	F6 *S*
Siam r. de	16	27	H5
Sibour r.	10	20	F16 *N*
Sibuet r.	12	47	M22-L12
Sidi-Brahim r.	12	47	M21-22
Sigaud pass.	13	56	P15
Sigmund-Freud r.	19	11-23	D21-D22
Silvestre-de-Sacy av.	7	28	H8-J8
Simart r.	18	8-7	C15-C14
Simon-Bolivar av.	19	22-21	F19-E18
Simon-Dereure r.	18	7	C13
Simon-le-Franc r.	4	32	H15 *S*
Simone-Weil r.	13	57	R17
Simonet r.	13	56	P15
Simplon r. du	18	8-7	B15-B14
Singer pass.	16	27	J5
Singer r.	16	27	J5
Singes pass. des	4	32	J16 *N*
Sisley r.	17	5	C9
Sivel r.	14	42	N12
Skanderbeg pl.	19	9	A18
Sœur-Catherine-Marie r.	13	55	P14
Sœur-Rosalie av. de la	13	56	N15 *S*
Sofia r. de	18	20	D15
Soissons r. de	19	9	D18 *N*
Soleil r. du	20	23	F21 *N*
Soleil-d'Or cour du	15	41	M9 *N*
Soleillet r.	20	34-35	G20-G21
Solférino pont de	1	30	H12
Solférino port de	7	30	H12-H11
Solférino r. de	7	30	H11 *S*
Solidarité r. de la	19	22-23	D20-21
Solitaires r. des	19	22	E20
Somme bd de la	17	4	C7-D7
Sommeiller villa	16	38	M3 *S*
du Sommerard r.	5	32-31	K15-K14
Sommet-des-Alpes r. du	15	53	P9 *N*
Sontay r.	16	15	F6 *S*
Sophie-Germain r.	14	54	P12-N12
Sorbier r.	20	22-35	G20-G21
Sorbonne pl. de la	5	43	K14 *S*
Sorbonne r. de la	5	43	K14 *S*

Nom	Arrondissement	Plan n°	Repère
Souchet villa	20	23-35	G22
Souchier villa	16	27	H5 *N*
Soudan r. du	15	28-40	K8
Soufflot r.	5	43	L14 *N*
Souhaits imp. des	20	35	J21 *S*
Souham pl.	13	57	P17
Soult bd	12	47-48	N22-L23
Soupirs pass. des	20	23	G21 *N*
Source r. de la	16	26	K4
Sourdis ruelle	3	32	H16
Souvenir Français esplanade du	7	29	K10
Souzy cité	11	34	K20
Spinoza r.	11	34	H20 *N*
Spontini r.	16	15-27	F5-G5
Spontini villa	16	15	G5
Square av. du	16	38	K4-K3
Square-Carpeaux r. du	18	7-6	B13-B12
de Staël r.	15	41	L9-L10
Stalingrad pl. de		21	D18-D17
nᵒˢ impairs	10		
nᵒˢ pairs	19		
Stanislas r.	6	42	L12 *S*
Stanislas-Meunier r.	20	24	G23 *N*
Station sentier de la	19	10	B19
Steinkerque r. de	18	19	D14
Steinlen r.	18	7	C13
Stemler cité	19	21	F18-E18
Stendhal pass.	20	35	H22
Stendhal r.	20	35	H22
Stendhal villa	20	35	H22
Stéphane-Mallarmé av.	17	4	C7-D7
Stéphen-Pichon av.	13	44	N16 *S*
Stephenson r.	18	8	D16-C16
Sthrau r.	13	57	P17
Stinville pass.	12	46	L20
Stockholm r. de	8	18	E11 *S*
Strasbourg bd de	10	20	G15-E16
Stuart-Merrill pl.	17	4	D7 *N*
Suchet bd	16	26-38	H4-K3
Sud pass. du	19	22	D19
Suez imp.	20	35	J22 *N*
Suez r. de	18	8	C15 *S*
de Suffren av.		28-41	J7-L9
nᵒˢ 1-143 bis	7		
nᵒˢ 145-fin, nᵒˢ pairs	15		
de Suffren port	7	28	H7-J7
Suger r.	6	31	K14 *N*
Suisses r. des	14	53	N10-P10
Sully ponts de	4	32-44	K16
de Sully r.	4	33	K17
Sully-Prudhomme av.	7	29	H9
Surcouf r.	7	29	H9
Surène r. de	8	18	F11 *S*
Surmelin pass. du	20	23	G22-F22
Surmelin r. du	20	23-24	G22-F23
Suzanne-Lenglen r.	16	37	L1 *N*
Suzanne-Valadon pl.	18	19	D14
Sycomores av. des	16	26-38	K3

Nom	Arrondissement	Plan n°	Repère
Toullier r.	5	43	L14 *N*
Toulouse r. de	19	11	D21 *N*
Toulouse-Lautrec r.	17	6	A12
Tour r. de la	16	27	H6-H5
Tour villa de la	16	27	H5 *N*
Tour-de-Vanves pass. de la	14	42	N11
Tour-des-Dames r. de la	9	19	E13
Tourelles pass. des	20	23	F22 *N*
Tourelles r. des	20	23	F22 *N*
Tourlaque r.	18	7	C13 *S*
Tournefort r.	5	44	L15-M15
Tournelle pont de la	4	32	K16
Tournelle port de la	5	44-32	K16-K15
Tournelle quai de la	5	44-32	K16-K15
Tournelles r. des		33	J17
nᵒˢ 1-29 2-44	4		
nᵒˢ 31-fin, 46-fin	3		
Tourneux imp.	12	47	M21 *S*
Tourneux r.	12	47	M21 *S*
Tournon r. de	6	31-43	K13
Tournus r.	15	40	L7 *N*
Tourtille r. de	20	22	F19
de Tourville av.	7	29	J10-J9
Toussaint-Féron r.	13	56	P16 *S*
Toustain r.	6	31	K13 *N*
de Tracy r.	2	20	G15
Traëger cité	18	8	B15
Traktir r. de	16	16	F7
Transvaal r. du	20	22	F20
Traversière r.	12	45	L17-K18
Treilhard r.	8	17	E10 *S*
Trésor r. du	4	32	J16
de Trétaigne r.	18	7	C14-B14
de Trévise cité	9	19	F14-E14
de Trévise r.	9	19	F14-E14
Trinité pass. de la	2	32	G15 *S*
Trinité r. de la	9	18	E12
Tristan-Bernard pl.	17	16	E7
Tristan-Tzara r.	18	9	B17
Trocadéro jardins du	16	28	H 7
Trocadéro sq. du	16	27	H6

Nom	Arrondissement	Plan n°	Repère
Trocadéro et Onze-Novembre pl. du	16	27-28	H6-H7
Trois-Bornes cité des	11	33-21	G18
Trois-Bornes r. des	11	33-21	G18
Trois-Couronnes r. des	11	21-33	G18
Trois-Frères cour des	11	33	K18 *N*
Trois-Frères r. des	18	19-7	D14-D13
Trois-Portes r. des	5	32	K15
Trois-Sœurs imp. des	11	33	J18 *N*
Tronchet r.		18	F12
nᵒˢ impairs, 2-26	8		
nᵒˢ 28-fin	9		
Trône av. du		47	K21 *S*
nᵒˢ impairs	11		
nᵒˢ pairs	12		
Trône pass. du	11	47	K21 *S*
Tronson-du-Coudray r.	8	18	F11
Trousseau r.	11	34	K19
Troyon r.	17	16	E8 *S*
Trubert-Bellier pass.	13	56	R15 *N*
Trudaine av.	9	19	D14-E14
Trudaine sq.	9	19	E14
Truffaut r.	17	6-5	D11-C10
Truillot imp.	11	33	H18
Tuileries jardin des	8	30	H 12
Tuileries port des	1	30	H12-H11
Tuileries quai des	1	31-30	H13-H11
Tulipes villa des	18	7	B14 *N*
Tunis r. de	11	35-47	K21
Tunisie av. de la	14	55	R13
Tunnel r. du	19	22	E20-E19
Turbigo r. de		31-32	H14-G16
nᵒˢ 1-11, 2-14	1		
nᵒˢ 13-31, 16-24	2		
nᵒˢ 33-fin, 26-fin	3		
de Turenne r.		33	J17-H17
nᵒˢ 1-27, 2-22	4		
nᵒˢ 29-fin, 24-fin	3		
Turgot r.	9	19	E14-D14
Turin r. de	8	18	E12-D11
Turquetil pass.	11	35	K21

u

Nom	Arrondissement	Plan n°	Repère
Ulm r. d'	5	43	L14-M14
Ulysse-Trélat r.	13	57	P18 *N*
Union pass. de l'	7	29	J9
Union sq. de l'	16	16-28	G7
Université r. de l'	7	30-28	J12-H8

Nom	Arrondissement	Plan n°	Repère
d'Urfé sq.	16	26-38	K3
Ursins r. des	4	32	J15 *S*
Ursulines r. des	5	43	L14 *S*
Uruguay pl. de l'	16	16	G8 *N*
d'Uzès r.	2	19	F14 *S*

*Les **cartes Michelin** sont constamment tenues à jour.*

Nom	Arrondissement	Plan n°	Repère

Nom	Arrondissement	Plan n°	Repère
Wagram av. de		16-5	F8-C9
nos impairs, nos 48-fin	17		
nos 2-46	8		
Wagram pl. de	17	5	C9 *S*
Wagram St-Honoré villa	8	16	E8 *S*
Waldeck-Rousseau r.	17	15	E6 *N*
Wallons r. des	13	44	M16 *S*
Washington r.	8	16-17	F8-F9
Wassily-Kandinsky pl.	15	41	M9-M10
Watt r.	13	58	P19
Watteau r.	13	44	N16 *N*

Wattieaux pass.	19	9	B18
Wattignies imp.	12	47	N21
Wattignies r. de	12	46-47	M20-N22
Wauxhall cité du	10	21	G17 *N*
Weber r.	16	15	F6-E6
Westermann r.	20	35	G21 *S*
Wilfrid-Laurier r.	14	53	P9 *S*
Wilhem r.	16	38	L4
Winston-Churchill av.	8	29	G10
Wurtz r.	13	55	P14 *S*

Xaintrailles r.	13	57	P18-P17

Xavier-Privas r.	5	31	K14 *N*

y - z

Yéo-Thomas r.	13	57-56	N17-N16
Yser bd de l'	17	4-15	D7-D6
Yvart r.	15	40-41	M8-M9
Yves-du-Manoir av.	17	16	D7 *S*
Yves-Toudic r.	10	21	G17-F17
Yvette r. de l'	16	26	K4-J4

Yvon et Claire-Morandat pl.	17	16	E7 *S*
Yvon-Villarceau r.	16	16	G7 *N*
Yvonne-Le-Tac r.	18	19	D14-D13
Zet pass.	10	20	F16 *S*

Légende

Voirie

Autoroute, boulevard périphérique

Rue en construction, interdite ou impraticable

Rue à sens unique, en escalier

Allée dans parc et cimetière - Rue piétonne

Chemin de fer, métro aérien

Passage sous voûte, tunnel

Bâtiments (avec entrée principale)

Repère important - Autre bâtiment repère

Culte catholique ou orthodoxe

Culte protestant - Synagogue - Mosquée

Caserne - Caserne de Sapeurs-Pompiers

Hôpital, hospice - Marché couvert

Bureau de poste - Commissariat de police

Sports et Loisirs

Piscine de plein air, couverte

Patinoire

Stade - Terrain d'éducation physique

Centre hippique - Hippodrome

Aviron - Canoë-kayak - Ski nautique

Motonautisme - Club de voile

Signes divers

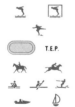

Monument - Fontaine - Usine

Station de : taxi, métro, R.E.R.

Parking avec entrée

Station-service ouverte jour et nuit

Numéro d'immeuble

Limite de Paris et de département

Limite d'arrondissement et de commune

Repère de carroyage

Repère commun à la carte Michelin n° 101.

Échelle : 1 cm sur le plan représente 100 m sur le terrain.

Key

Roads and railways

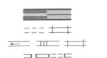

Motorway, ring road
Street under construction, No entry - unsuitable for traffic
One-way street - Stepped street - Pedestrian street
Arch, tunnel

Buildings (with main entrance)

Reference point: large building, other building
Catholic or orthodox church - Protestant church - Synagogue - Mosque
Barracks - Police station - Fire station
Hospital, old people's home - Post office - Covered market

Sports - Leisure activities

Outdoor, indoor swimming pool - Skating rink
Stadium - Sports ground

Miscellaneous

Monument - Foutain - Factory - House no. in street
Taxi rank - Metro and R.E.R. station
Car park showing entrance - 24 hour petrol station
Paris limits: adjoining departments
« Arrondissement » and « commune » boundaries
Map grid reference number
Reference no. common to Michelin map no. 101.
(Secteur en travaux): work in progress

Zeichenerklärung

Verkehrswege

Autobahn - Stadtautobahn
Straße im Bau - für Kfz gesperrt, nicht befahrbar
Einbahnstraße - Treppenstraße - Fußgängerstraße
Gewölbedurchgang - Tunnel

Gebäude (mit Haupteingang)

Wichtiger Orientierungspunkt - Sonstiger Orientierungspunkt
Katholische oder orthodoxe Kirche - Evangelische Kirche - Synagoge - Moschee
Kaserne - Polizeirevier - Feuerwehr
Krankenhaus, Altersheim - Postamt - Markthalle

Sport - Freizeit

Freibad - Hallenbad - Schlittschuhbahn
Stadion - Sportplatz

Verschiedene Zeichen

Denkmal - Brunnen - Fabrik - Hausnummer
Taxistation - Metrostation - R.E.R.-Station
Parkplatz und Einfahrt - Tag und Nacht geöffnete Tankstelle
Grenze : Pariser Stadtgebiet u. Departement
Arrondissement und Vorortgemeinde
Nr. des Planquadrates
Referenz-Zeichen für die Michelin-Karte Nr. 101.
(Secteur en travaux): Das Viertel wird neugestaltet.

Signos convencionales

Vías de circulación

Autopista, autovía de circunvalación
Calle en construcción, prohibida, impracticable
Calle de sentido único, con escalera - Calle peatonal
Paso abovedado, túnel

Edificios (y entrada principal)

Grand edificio, punto de referencia - Otro edificio, punto de referencia

Iglesia católica u ortodoxa - Culto protestante - Sinagoga - Mezquita

Cuartel - Comisaría de Policía - Parque de Bomberos

Hospital, hospicio - Oficina de Correos - Mercado cubierto

Deportes y Distracciones

Piscina al aire libren, cubierta - Pista de patinaje
Estadio - Terreno de educación física

Signos diversos

Monumento - Fuente - Fábrica - Número del edificio
Parada de taxis - Boca de metro - R.E.R.
Aparcamiento y entrada - Estación de servicio abierta las 24 h.
Límite de París departamento
Límite de distrito o de municipio

Referencia de la cuadrícula del plano
Referencia común al mapa Michelin No. 101.
(Secteur en travaux) : Sector en obras.

Le pont Alexandre-III et les Invalides.

61

Utilisez le plan MICHELIN à 1/15 000 « Banlieue de Paris Nord-Ouest » n° 18

N 314 PONTOISE
N 13 ST GERMAIN-EN-LAYE
(16)

Pl. du 8 Mai 1945

V. Bonnel
Rue
de
la
République
Imp. R. Marcel
R. Nicole
R. d'Estienne
Bart
Rastail
Kilford

R. E. Deschanel
Av. de Parthenay
103
Jean
32
CENTRE HOSPITALIER M. Berthelot
A 2
Thuillier
Loir

A 1
38 2
V. des Vieilles Vignes
R. des Vieilles Vignes
Barbès
R. 86
Dives
L. P. ANNEXE VAUBAN
V. des Lilas

Gaultier
78
Rue
Marceau
de
Sébastopol
Jean
Château
Pierre
Mon DE RETRAITE UNION BELGE

R. L. H. Lyautey
R. Schweitzer
Imp. de l'Ouest
de
R. Rouget de l'Isle
43
TRIBUNAL D'INSTANCE
THOMSON C.S.F.
Prés.
Kruger

Ravry
Eugène
Caron
Adam
COURBEVOIE
Lhomme
du
Aée des Brunettes
Colombes

Capitaine
Guynemer
68 R.
STATION DE COURBEVOIE
R. P. N. Roinard
R. Pierre
des
Salles
Visien
Timbaud

CLINIQUE MEDICIS
Lefaux
R.
de
l'Alma
Pl.

Segoffin
Belfort
65
de Bezons
Baudin
LE CAPRICORNE
SAGITTAIRE
PENTA HÔTEL
LES GEMEAUX
PARC DE LA BALANCE
R. Massenet
R. A. Ville
Samonin

B 1
de
R.
R. de Serg.
Bellini
Kléber
75
Sq. Charras
Pl. Charles de Gaulle
CHARRAS
B 2
LE VERSEAU
PARC DES PLÉIADES
MAIRIE

BOULEVARD
R.
Bitche
Carnot
Place Charras
LES POISSONS
Pl. des Pléiades
R.A. Carle
Hébert
Aée J. H Lartigue

AMPÈRE
R. d'Aboukir
R. de la
DELALANDE
LA SIRÈNE
GAMBETTA
LA FAYETTE
Av. du Parc
R. C. Gounod
de
R. de Strasbourg
23
Bezons
Victor
Hugo
de
Aée J. H

LAVOISIER
d'Essling
COURBEVOIE

AVENUE
Av. A. Prothin
Pl. des Vosges
THOMSON TCE
Cours Diderot
Strasbourg
Ave Debussy
Pl. Victor Hugo
LYCÉE G POMPIDOU

DESCARTES
PECHINEY-BALZAC
Av. des Vosges
R. de
Ave Mozart
Ave F. Couperin
Rue

SEPTENTRION
C.E.C.A.
J. MONNET
POSTE E.D.F.
d'Alsace
Louis
Place des Trois Frères Enghel

EXXON CHEMICAL
EUROPE les Corolles
AMERICAN INTERNATIONAL
CIRCULAIRE
Rue du
R. Arletty
Abreuvoir

ESSO
EAGLE E.D.F.
STAR G.D.F. les Reflets
AURORE
LES MIROIRS
LES DAMIERS
Audran

LORRAINE
Esplanade
VISION 80
MANHATTAN
L'ANCRE
NEPTUNE
C 2

GÉNÉRALE
du
MANHATTAN SQUARE
RANK-XEROX
Pl. des Saisons
Pl. de Seine
ASSUR
LES DAMIERS

C 1
Général
NEUILLY-DÉFENSE
G.A.N.
HARMONIE ORION
Sq. Vivaldi

THOMSON
de
SOFITEL
PUTEAUX COURBEVOIE
été 1992
IBIS-NOVOTEL
PONT

TOTAL
Cours Michelet
COFACE
ATO
P.F.A.
Neuilly

CIRCULAIRE
Bd
Pierre
Gaudin
ROUSSEL HOECHST
Pont
de
Neuilly

Bd
R. de la République
R. de l'Oasis
ALLIANZ
MINERVE
Bellini
DU

de
38
P.
R. Arago
ÎLE

Roque
Fillol
104
Jaurès
R. Lafargue
COMPLEXE SPORTIF
R. du

D 1
B 13
D 2

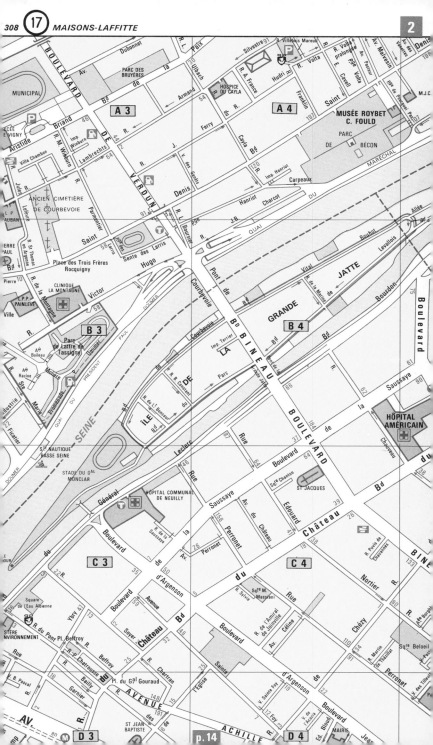

p. 14

BOULEVARD

Dubonnet

PARC DES BRUYÈRES

MUNICIPAL

Briand

Aristide

R. M. Winburn

Imp. Winburn

Lambrechts

Villa Chambon

Jules

Lefèvre

ANCIEN CIMETIÈRE
DE COURBEVOIE

Saint

Place des Trois Frères
Rocquigny

Sente des Larris

Hugo

CLINIQUE
LA MONTAGNE

Victor

R. de la Montagne

Parc
de Lattre de
Tassigny

Boileau

Racine

Molière

Promenade

QUAI

SEINE

S.té NAUTIQUE
BASSE SEINE

STADE DU G.al
MONCLAR

Général

HÔPITAL COMMUNAL
DE NEUILLY

R. de la
Saussaye

Boulevard

Square
de l'Eau Albienne

R. du Pont

Pl. Beffroy

R.-P. Chatrousse

B. Pascal

Bailly

Garnier

Pl. du G.al Gouraud

AVENUE

ST JEAN
BAPTISTE

A 3

VERDUN

Ferry

Cayla

Denis

Saint

Parmentier

Larris

DOUMER

PAUL

PRÉSIDENT

DU

Beffroy

R. M. Winburn

J.

V. des Gardes

R.

Pye

B 3

DE

LA

Imp. Terrier

R. B. Constant

Parc

du

R. du L.t Boncourt

ÎLE

Leclerc

Rue

Boulevard

de

Avenue

Soyer

Château

Chartran

Achille

ACHILLE

C 3

d'Argenson

Ybry

D 3

Paix

Ulbach

Armand

Silvestre

R. A. France

HOSPICE
DU CAYLA

Hudri

R. Volta

Franklin

Imp. Hanriot

Hanriot

Charcot

J.B.

R. Boursier

QUAI

Pont de

Bd

Couchevoie

Courbevoie

Vital

GRANDE

JATTE

de la Marine

de

BINEAU

Armée Japy

Bd

Bd

BOULEVARD

de

Saussaye

Av. du Château

Perronet

Sq.re Chanton

ST JACQUES

Boulevard

Edouard

Château

Av.

Perronet

Av.

du

R. Sylvie

Sq.re M.
Massrani

de l'Amiral
de Joinville

Céline

Av.

Rue

Boulevard

Sainte

V. Sainte Foy

d'Argenson

de

l'Église

V. Fay

V. de
l'Ascension

MAIRIE

Ed. Bled

Jean

A 4

MUSÉE ROYBET
C. FOULD

PARC

DE

BÉCON

MARÉCHAL

DU

Allée

Bd

Levallois

Bouhot

Bourdon

Boulevard

B 4

HÔPITAL
AMÉRICAIN

Chauveau

du

Bd

Château

R. Pavis de
Chavannes

BINE

Nortier

Chézy

R.

Martin
de Thierille

Sq.re Beloeil

des Tilleuls

C 4

D 4

M.J.C.

Pge du Panama

R. Volta
prolongée

Av. Malvsin

Pce Volta

Denis

R. Villebois Mareuil

P

T

P

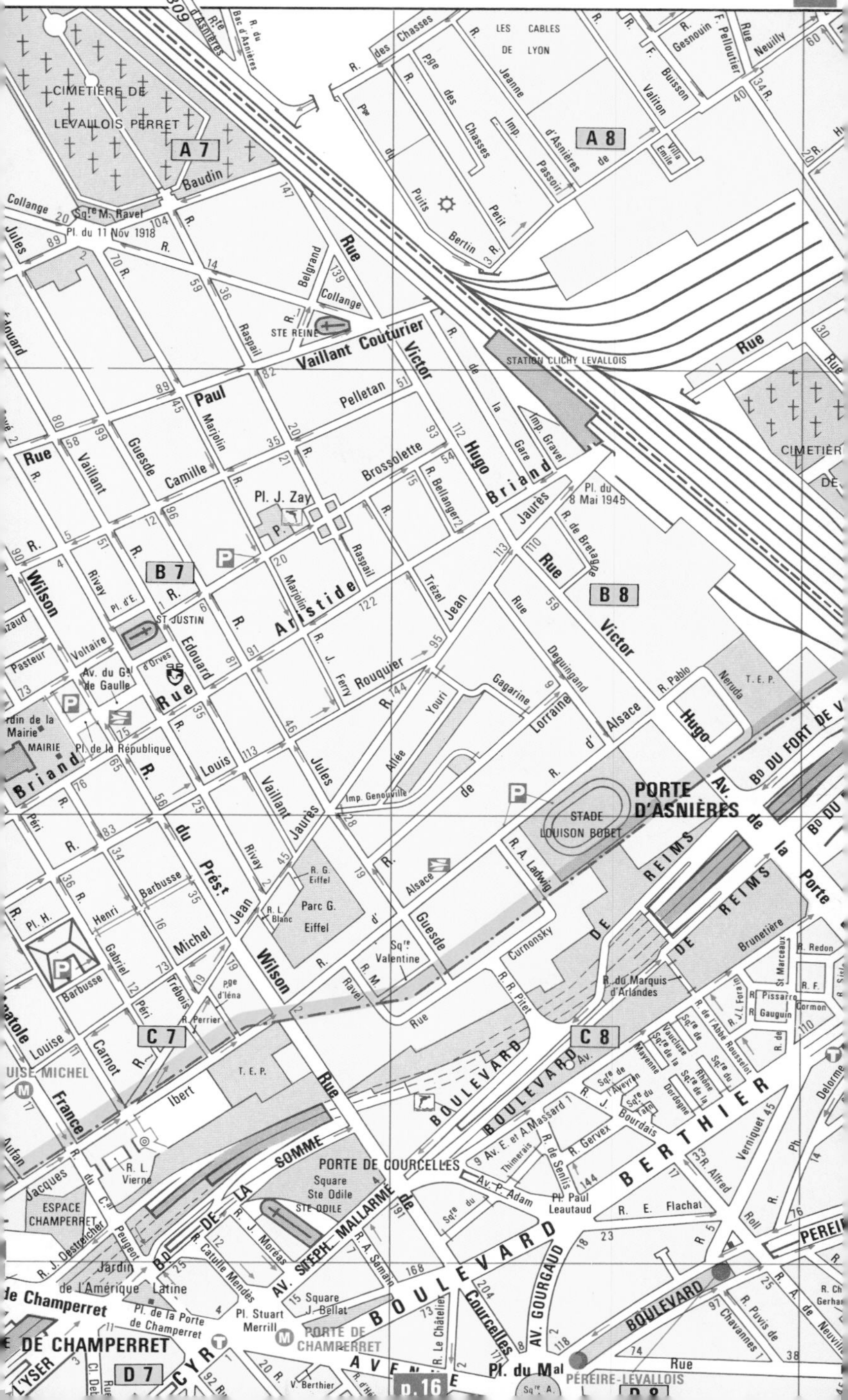

N 309

CIMETIÈRE DE LEVALLOIS PERRET

A 7

A 8

LES CABLES DE LYON

Baudin

Collange
Sq!e M. Ravel
Pl. du 11 Nov 1918

STE REINE

STATION CLICHY LEVALLOIS

CIMETIÈRE

Vaillant Couturier

Paul

Pelletan

Brossolette

Pl. du 8 Mai 1945

Rue

Wilson

Pl. J. Zay

B 7

ST JUSTIN

Av. du G!al de Gaulle

Voltaire

MAIRIE
Pl. de la République

Jardin de la Mairie

B 8

Victor

Hugo

Rouquier

Lorraine

Alsace

PORTE
D'ASNIÈRES

STADE
LOUISON BOBET

BD DU FORT DE V

du Prés!

Barbusse

Henri

Michel

Parc G.
Eiffel

R. G. Eiffel

R. L. Blanc

Sq!e Valentine

DE

REIMS

DE REIMS

Brunetière

C 7

Louise

Carnot

UISE MICHEL

France

Ibert

T.E.P.

Curnonsky

R. du Marquis d'Arlandes

C 8

BERTHIER

PEREI

R. L. Vierne

SOMME

PORTE DE COURCELLES

Square Ste Odile
STE ODILE

BOULEVARD

BOULEVARD

Av. E. et A Massard

Pl Paul Leautaud

R. E. Flachat

ESPACE CHAMPERRET

Jardin de L'Amérique Latine

Pl. de la Porte de Champerret

Square J.-Bellat

AV. STEPH-MALLARME

Square Stuart Merrill

PORTE DE CHAMPERRET

BOULEVARD

AV. GOURGAUD

BOULEVARD

DE CHAMPERRET

D 7

Pl. du M!al

PEREIRE-LEVALLOIS

D 8

p. 16

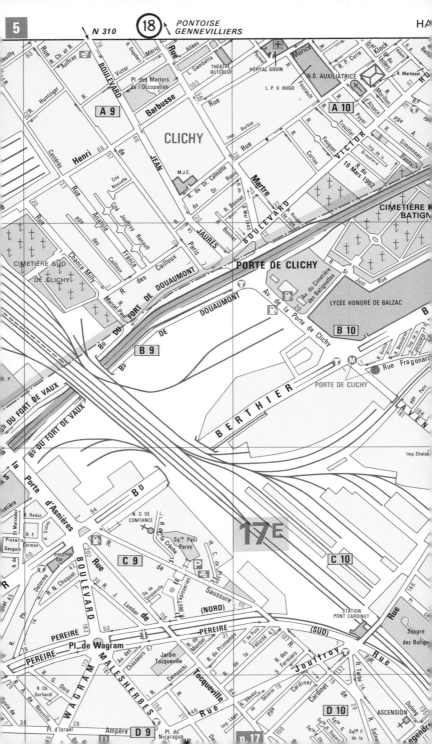

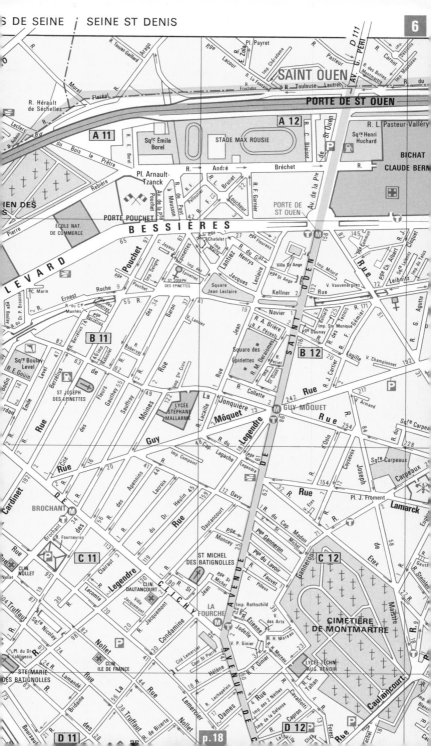

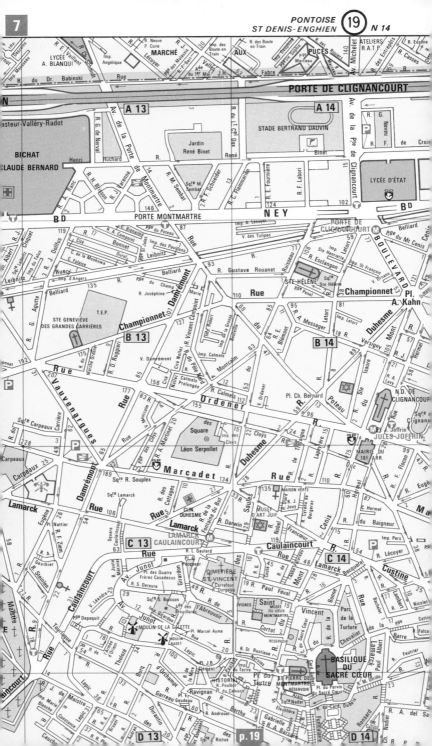

CIMETIÈRE DE LA CH.

SAINT DENIS

Imp. Marteau

R.M. Bourdarias

Professeur ... Gosset

R. des Poissonniers

A 15

STADE DES POISSONNIERS

A 16 **PORTE DE LA CHAPELLE**

R. Jean Cocteau

STAD LA PO LA CH.

PORTE DES POISSONNIERS

N E Y

B O U L E V A R D

PORTE DE LA CHAPELLE

Rue

Belliard

Imp. du Gué

R. du Pré

Poissonniers

Duhesme

Rue 42

d'Alger

Pge Kracher

Championnet

Imp. Masseran

R. des Filles

Chapelle

Pl. P. Mac Orlan

R. de la Charbonnière

N.D. DU BON CONSEIL

B 15

Boinod

B 16

R. Raymond Queneau

Rue

Cottin

R. Neuve

R. des

R. M. Genevoix

Boucry

Jean

SIMPLON

Clignancourt

ST·SAVA
E. Traeger

126

Lachapelle

Amiraux

36 du

Simplon

6

V. des Roses

des Roses

O R N A N O

de

50

R. du

23

R. Chaine

Nord

107

Allée

d'Andrezieux

29

Sqre de la Madone

Madone

Sqre Ornano

R. des
12 Portes Blanches

18ᴱ

Hameau de
la Chapelle

Pl. de Torcy

Marc

ner

50

Sue

79

28

MARCADET POISSONNIERS

M

Rue

67

Imp. de
la Chapelle

Rue

de

M

56

ST PAUL

Rue

47

ST DENYS DE LA CHAPELLE
Imp. du Curé

l'Olive

R. de la Guadeloupe

Louisiane

Canada

et

86

22

Marcadet

O r d e n e r

MARX DORMOY

Rue

65

C 15

Clignancourt

Simart

B A R B È S

Labat

Poissonniers

R. P. Budin

15

Léon

49

Ernestine

R. Émile

Rue

R. Jean Robert

C 16

Pl. Paul
Eluard

Dormoy

M

43

48

R.

27

d'Oran 2

Duployé

13

Gaïté

26

Doudeauville

57

106

R.

35

76

Doudeauville

41

de

Laghouat

58

Imp. Dupuy

P

Custine

41

Léon

de Panama

2

R. de Suez

1

Myrha

de la Chapelle

Rue

21

Pl. du
Château Rouge

Poulet

R. des

Delean

CHÂTEAU ROUGE

M

23

34

Cavé

12

Pge Ruelle

63

Rue

Christiani

36

R.

Richomme

R. Erckmann Chatrian

27

Léon

R. du
Pge Léon

ST BERNARD
DE LA CHAPELLE

Mathieu

J.F. Lépine

Stephenson

19 R. J. Kablé

B O U L E V A R D

57

Villa
Poissonniers

23

Polonceau

26 Goutte

ST
St

Sqre St Bernard

St

Bruno

Affre

D 15

65

de la

d'Or

p. 20

Jessaint

de

10

D 16

Rue

Rue

Philippe

p. 20

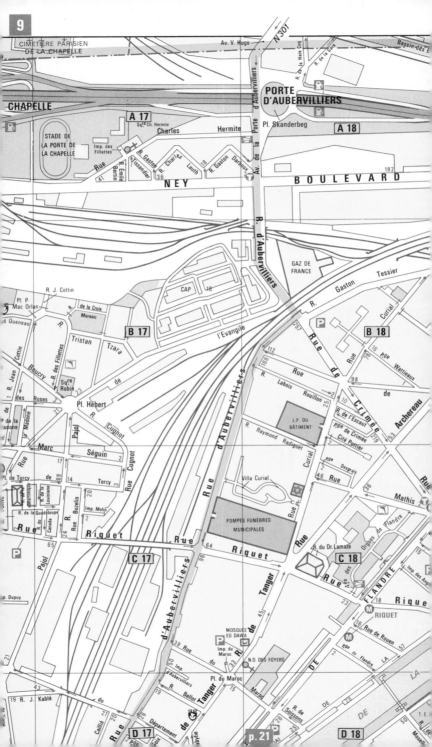

R. des Cités
R. Solferino
pge Demars
Av. Jean Jaurès
R. Ste Marguerite
R. H. Barbusse
R. Emile Reynaud
Berthe
13
ins Généraux
QUAI
CANAL
DE
ATELIERS R.A.T.P.
Sente à Bigot
P
R.
Pl. Auguste Baron
Bd d Commanderie
Villette
R.
Forceval

**PORTE
DE LA
VILLETTE** A 20

A 19
de Rue du Chemin

L'ALLIER
QUAI SAINT
GARE ROUTIÈRE
INTERNATIONALE
Av. de la Porte

MACDONALD
121
QUAI
89
T
M
BD
R. ECOLE DU C

MAC

DE
Curial
de **Cambrai**
36 24
R. B. Constant
38
Sentier de la Station
B 19
PORTE DE
LA VILLETTE
M
LA TERRASSE
DU PARC
M
MAISON DE
LA VILLETTE
P
PONEY
CLUB
(Secteur
en
travaux)

CORENTIN CARIOU
Galerie
**CITÉ
DES SCIENCES
ET DE L'INDUSTRIE** B 20
PARC DE L'OUR

Rue
R. Alphonse Karr
des Eiders
M
**CORENTIN
CARIOU**
Dampierre
R.
Sq.re Dampierre Rouvet
DENIS
LA
de
GÉODE
ARGONAUTE
ZÉ

FLANDRE
R.
Rouvet
GIRONDE
CHARENTE
de
la
Gu e
de
LA VILLETTE

Pl. de l'Argonne
Barbanègre
l'Argonne
Villette
**GRANDE
HALLE**

ZAR
EL DE VILLE
NDRE
Rue
de
l'Ourcq
18
Rue
de
Nantes
L'
CANAL
R. de MEZ
MARNE
R. de
Thionville
36
(Secteur
en
travaux)
CITÉ ADMINISTRATIVE
TH.
PARIS
VILLETTE
Pl. de la
Fontaine
aux Lions
F

Imp. de Joinville
2.8 R. de l'Aisne
17
L'OURCQ
DE
30 R. de la Marne
25
de
Thionville
36
des
R. Edgard Varèse
C 20
CITÉ DE LA MUSIQUE
CONSERVATOIRE NAT.
SUP.e DE MUSIQUE
M
**PORTE D
PANTIN**
200

Imp.
Emile
Rue
de Joinville
C 19
**ST JACQUES
ST CHRISTOPHE**
R. de la Mourthe
Giraud
R.
Pierre Jean Jouve
Delesseux
Sq.e du
Diapason
CITÉ
Av. du Nouveau Conservatoire
Eugène

Crimée
R. Jomard
Joinville
P 12
R.
24
22
JAURÈS

gier
Pl. de
Bitche
68
CANAL
R. de Flandre
R.
Thionville
Ardennes
de
R.
Mille
174
R. de Hainaut

R. A. de Humbolt
355
R. de Caltour
19 19
Léon
QUAI
DE
JEAN
R. de Lunéville
Pl. du Ga

LETTE
45
LOIRE
19ᴱ
2
l'Ourcq
M
OURCQ M JEAN
86
Rue
Petit
Allée de
Fontainebleau

Tandou
40
Rue de
127
André Danjon
P
Rue
d'Ourcq
Petit
Rue
66
DE
AVENUE
Lorraine
24

vale
R.
R.P.
Girardin
LAUMIÈRE
M
Meaux
124
Petit
p. 22
D 20
CIMETIÈRE
Ma

ES
Belleau
Nord
D 19

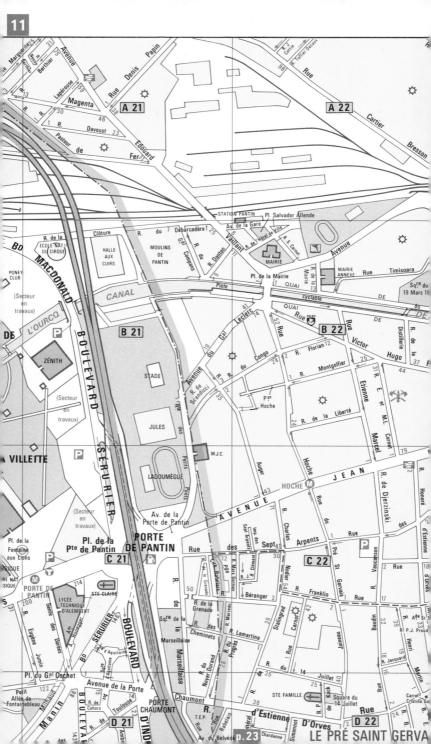

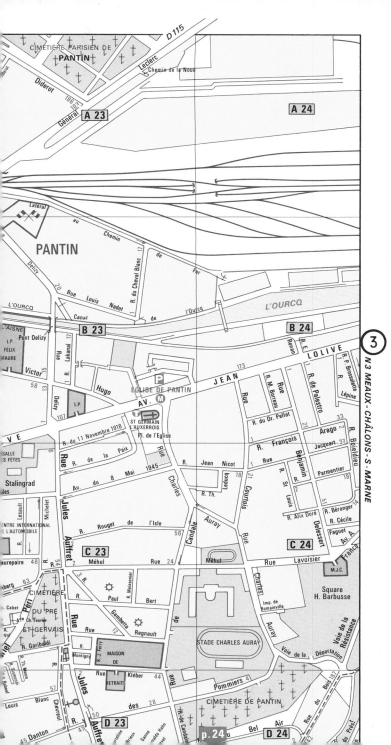

CIMETIÈRE PARISIEN DE PANTIN

D 115

Leclerc

Chemin de la Noue

Diderot

Général

A 23

A 24

Latéral

au

Chemin

de

Fer

PANTIN

Delizy

Rue Louis Nadot

R. du Cheval Blanc

L'OURCQ

Canal

de

l'Ourcq

L'OURCQ

CAISNE

L.P.
FÉLIX
FAURE

Pont Delizy

B 23

B 24

R.E. Renan

LOLIVE

R.P. Brossolette

R. Lépine

Victor

58

Delizy

107

L.P.

Rue Lakanal

R.

Hugo

ÉGLISE DE PANTIN

AV.

M

JEAN

Rue

Rue M. Bordeau

R. de Palestro

R. Boieldieu

173

Arago

33

2

VE

SALLE
S FÊTES

R. du 11 Novembre 1918

ST GERMAIN
L'AUXERROIS
Pl. de l'Église

R. du Dr. Pellat

21

R. François

Jacquart

37

Stalingrad
les

Rue

R. de la Paix

Av. du 8 Mai 1945

Rue Charles

R.

Jean Nicot

R. Th.

18

Rue

Benjamin

Parmentier

18

R. St Louis

ENTRE INTERNATIONAL
E L'AUTOMOBILE

Jules

Michelet

R. Rouget de l'Isle

56

Candale

Auray

Rue Courtois

R. Alix Doré

R. Béranger

14

R. Cécile

R.

Delessert

aurepaire

48

Auffret

C 23

Méhul

Rue

24

Méhul

Rue

Lavoisier

Faguet

Av. A.

France

C 24

M.J.C.

berg

63

CIMETIÈRE
DU PRÉ

Cabet

Ch. Fourier

ST-GERVAIS

R. Garibaldi

Péri

Rue

R.

Paul

R. Messonier

Bert

Rue

Gambetta

72

Regnault

de

STADE CHARLES AURAY

Imp. de
Romainville

Auray

Square
H. Barbusse

Voie de la Résistance

R.J. Ferry

Montigny

MAISON
DE
RETRAITE

Jules

Rue

Kléber

44

Rue

des

28

Pommiers

4

Voie de la Déportation

Rue du Bois

187

Louis

Blanc

Chauveau

Auffret

45 Danton

47

50

57

D 23

CIMETIÈRE DE PANTIN

Bel

Air

D 24

p. 24

du Pré

3

N3 MEAUX - CHÂLONS - S - MARNE

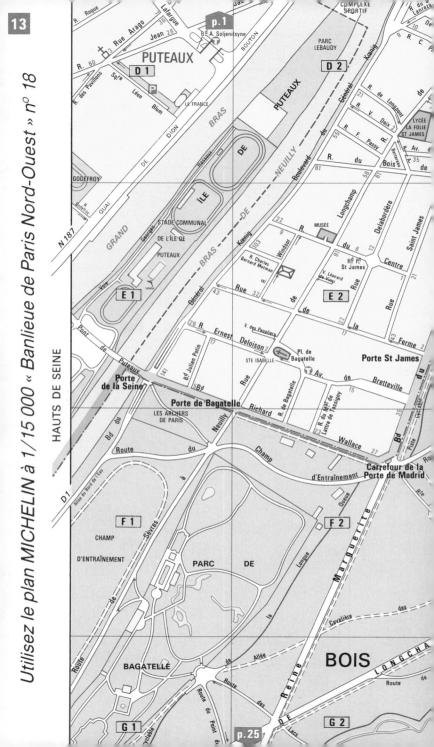

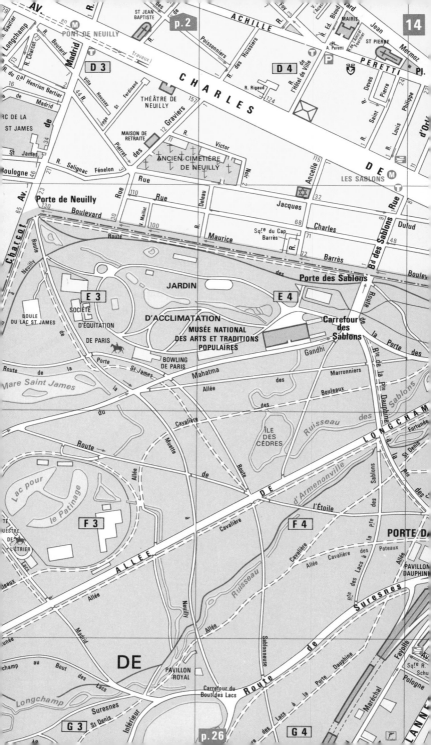

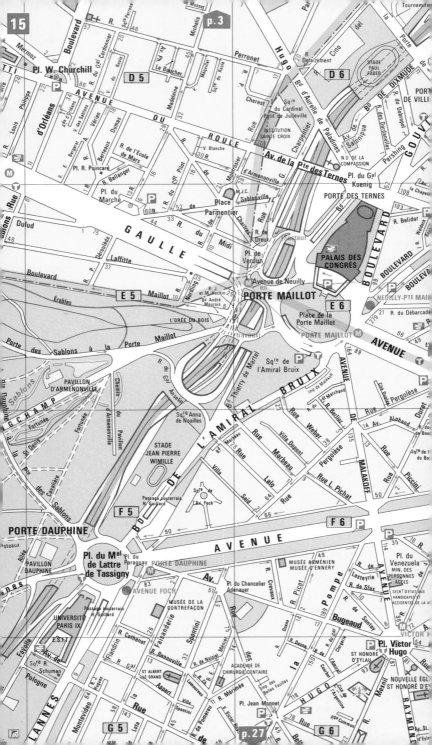

p. 3
p. 27

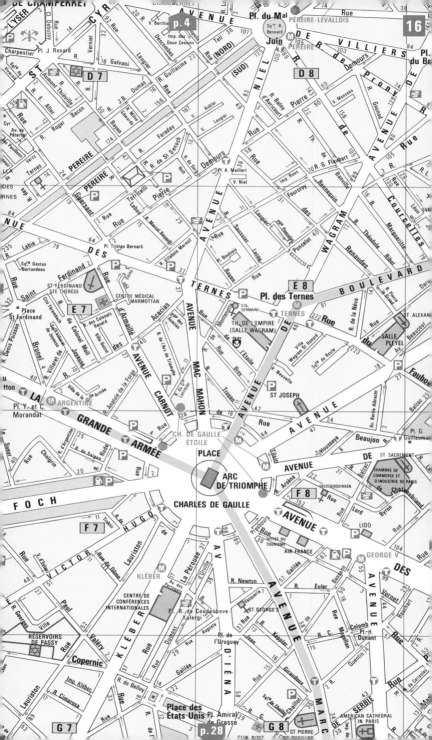

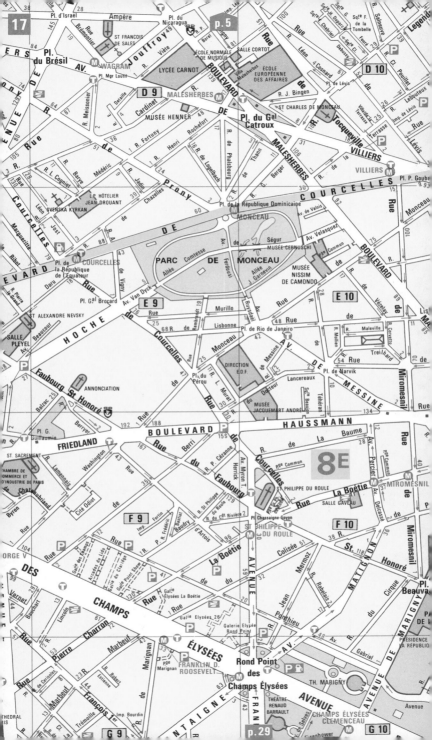

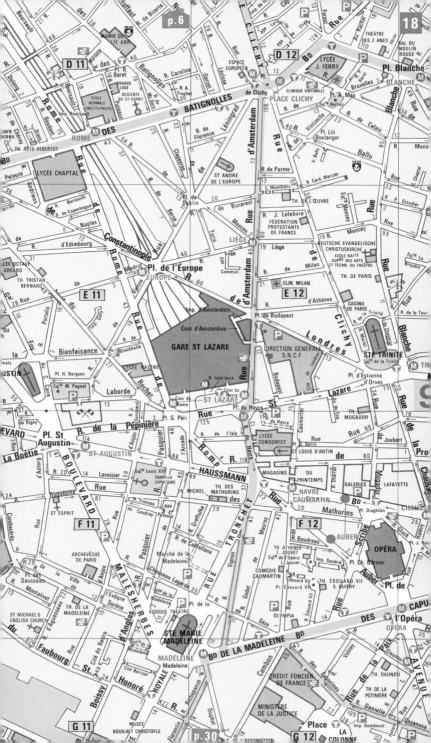

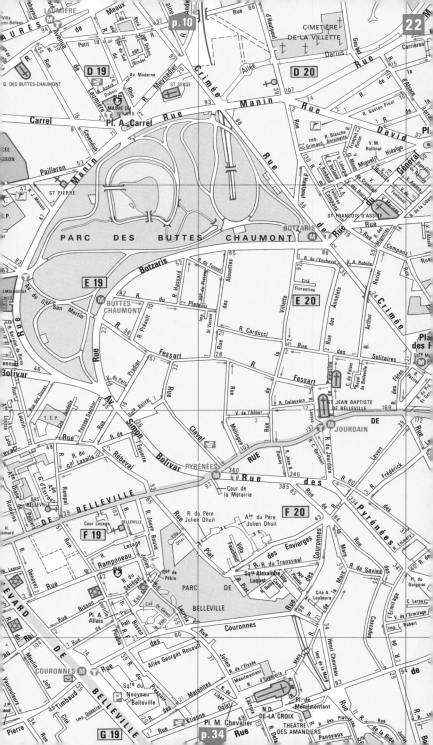

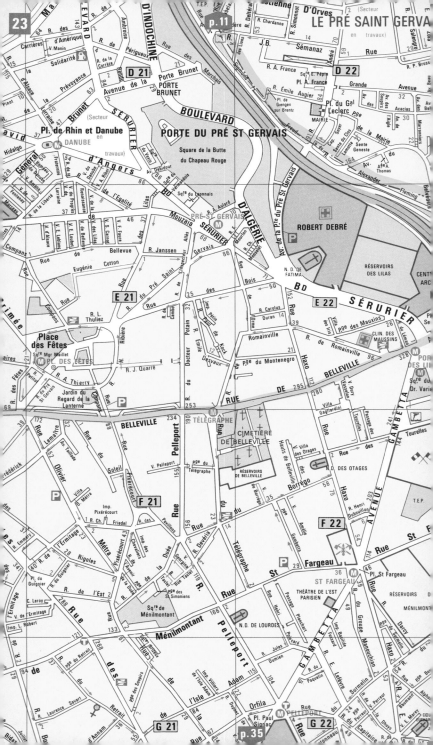

p. 11

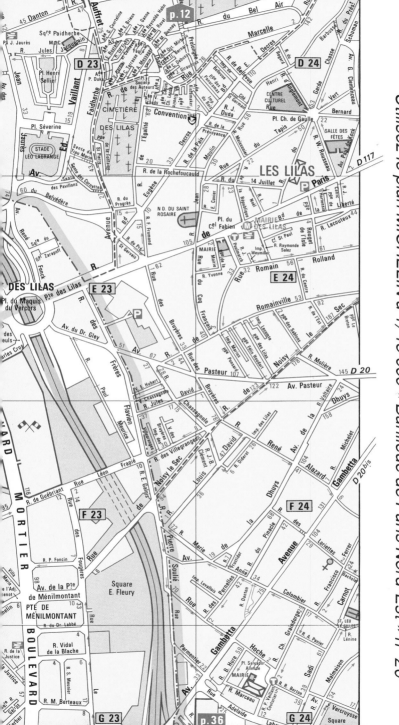

Utilisez le plan MICHELIN à 1/15 000 « Banlieue de Paris Nord-Est » n° 20

p.12

p.36

p. 13

G 1

G 2

VERSAILLES

(15)

Utilisez les plans MICHELIN à 1/15 000
« Banlieue de Paris : Nord-Ouest » n° 18, « Sud-Ouest » n° 22

Piste cyclable

ALLÉE

Cavalière

Jour

à

Bagatelle

la

de

Lacs

à

Bagatelle

Carrefour
Croix Catelan

Suresnes

Chin

Rou

de

Rte

Piste
des
Moulins

Allée

Ruisseau

de

PRÉ   CATELAN

la

Croix

Route

Rte

du

CHÂLET DU PRÉ CATELAN

Catelan

DÉ

Route

de

la

St Denis

Grande

Chin

des

Réservoirs

Point

du

Cavalière

Jour

GARDE
RÉPUBLICAINE
À CHEVAL

Route

de

la

Rond des Mélèzes

à

Bagatelle

BOULOGNE

Denis

Allée

Viaque

aux

Berceaux

Allée

Avenue

de

l'Hippodrome

CLOUD

Cavalière

Saint

Bagatelle

JEUX
DE BOULES
DE PASSY

PELOUSES

Chemin de Ceinture du Lac Supérieur

Allée

Route

d'Auteuil

à

SAINT

DE   ST CLOUD

Auteuil

Chemi

Route

de

la

Seine

Jour

à

DÉ

la

Butte

Mortemart

Allée

à

Suresnes

np

Chin des Vieux Chênes

Passy

Lacs

BUTTE

MORTEMART

P

des

AVENUE

Cyclable

Boulogne

Point

K 1

K 2

H 1

H 2

J 1

J 2

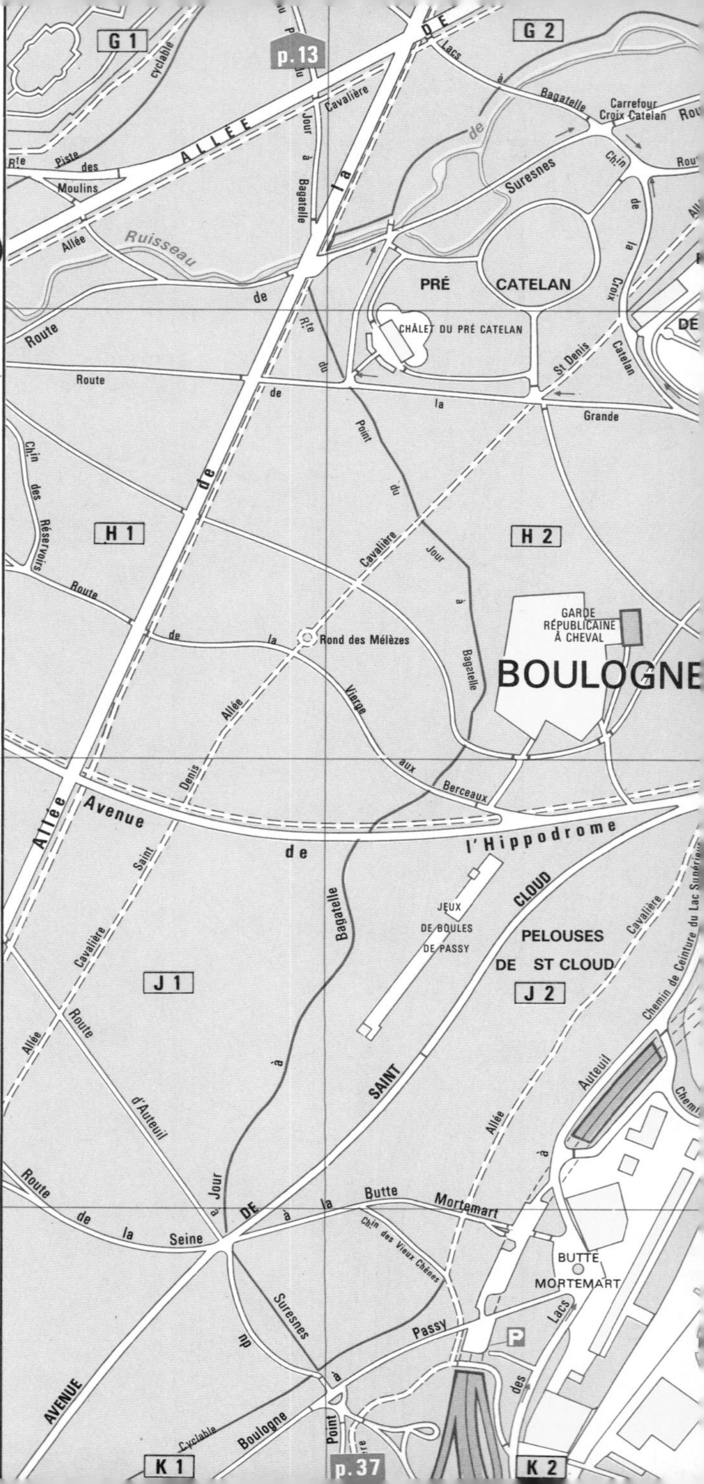

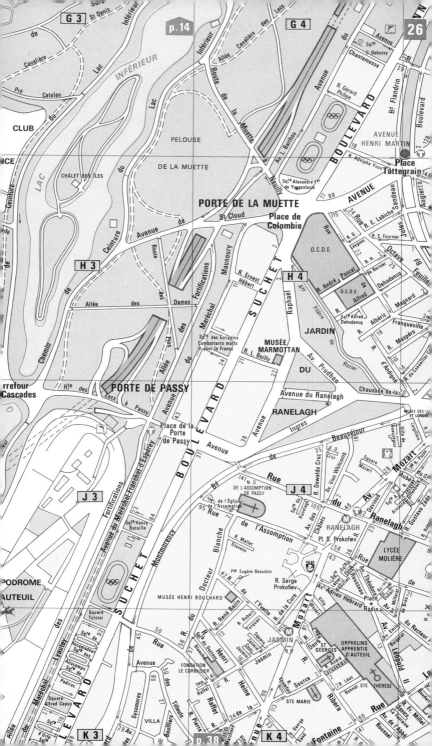

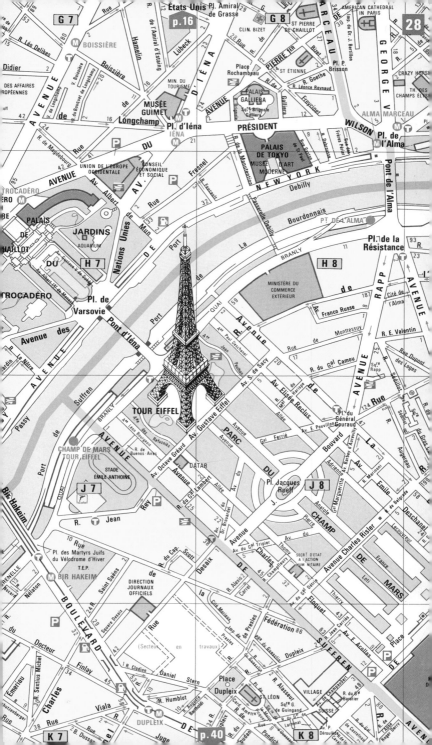

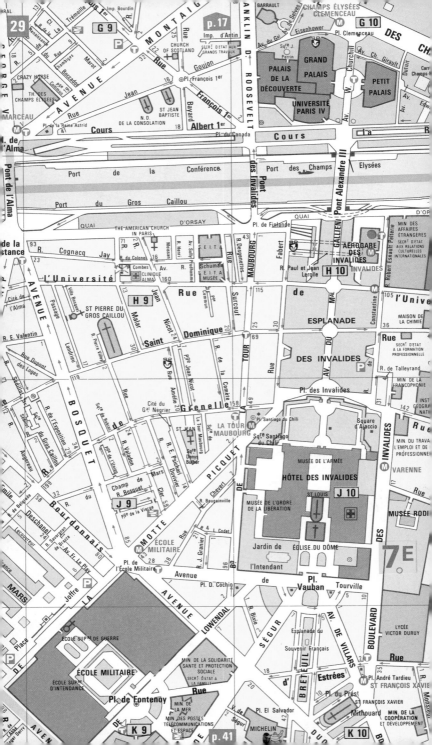

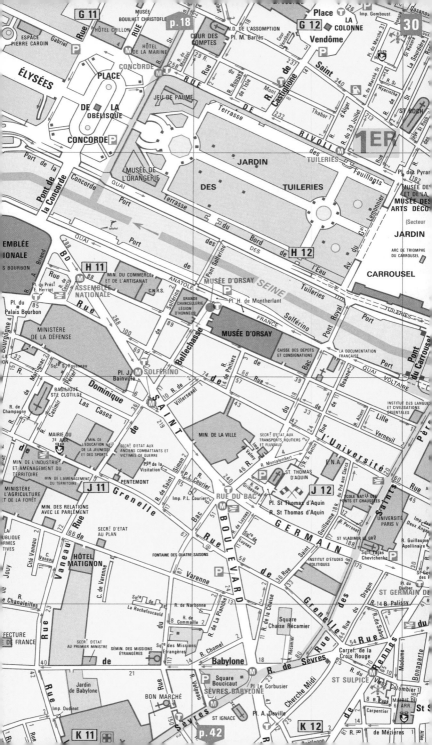

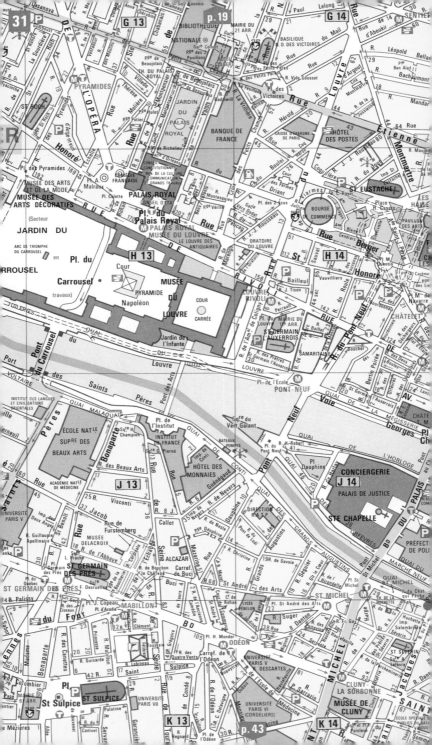

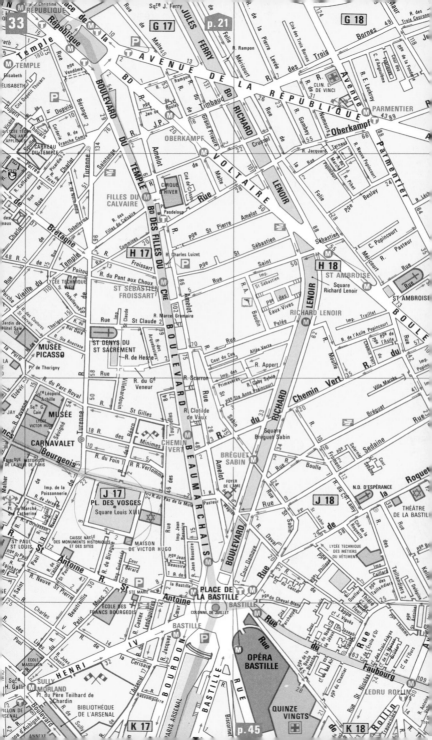

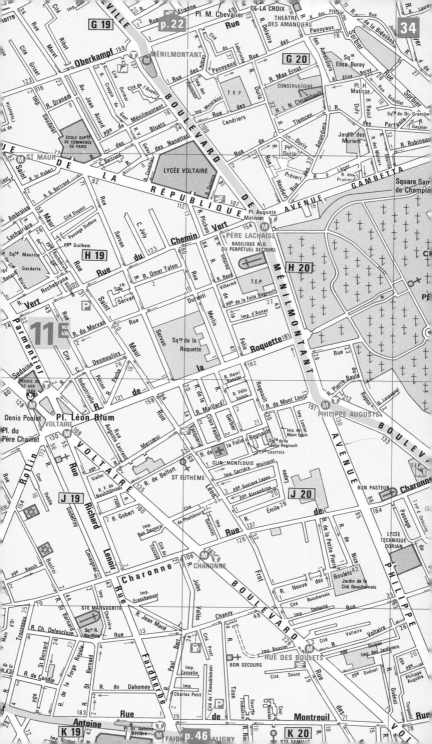

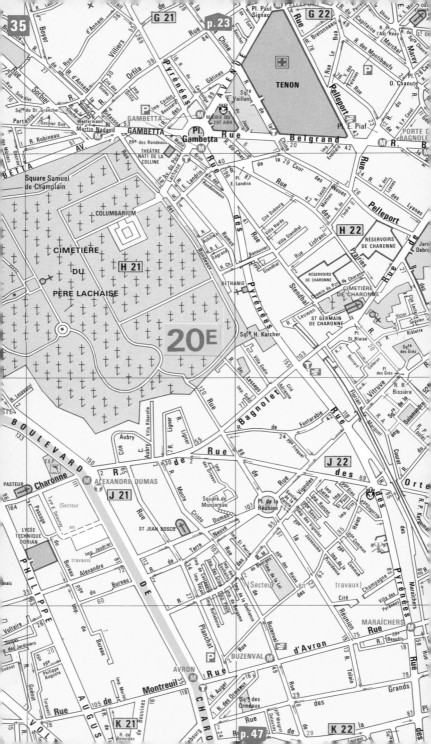

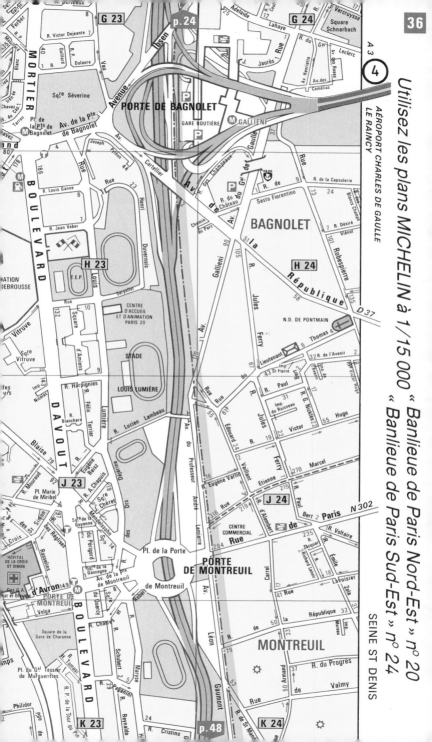

Utilisez le plan MICHELIN à 1/15 000 « Banlieue de Paris Sud-Ouest » n° 22

RAMBOUILLET-DREUX
MANTES-ROUEN

HAUTS DE SEINE

(14)

N 307 Vers

(14)

RAMBOUILLET
VERSAILLES

(13)

N10

K 1

de

Cyclable

Boulou

Piste

Allée

Route

de

Cavalière

Route

du

p. 25

K 2

Route

de

AUTOROUTE A 13

A 13

(14)

Avenue de la Porte d'Auteuil

PORTE D'AUTEUIL

STADE DU FONDS
DES PRINCES

STADE ROLAND GARROS

Rue Suzanne Lenglen

Av. Gordon Bennett

Jardin des Poètes

P

**JARDIN DES SERRES
D'AUTEUIL**

P

P

Sarrail

Boulevard

49

8 Allée

des Arts

Villa Pissaro

R. R. Garros

3 Rue des Pins 2

Av. Marguerite

R. de la Rochefoucauld

Rue

Villa Jacqueline

R. Max Blondat

R. Joséphine

Square Gutenberg

Gutenberg

PORTE MOLITOR

d'Auteuil

Pl. Le Corbusier

Place de
Mo

R. Moreau

Vauthier

R. Escudier

R. des Tilleuls

R. du Château

Gutenberg

L 1

Denfert

Darcel

Rue

Pl. Denfert

Rochereau

Schuman

Robert

Tourelle

Château

R. de la 16

49

R. J. Bernard

50

du

Imp.

Moreau

Av. de la Porte Molitor

L 2

Avenue

du

LYCÉE
LA FONTA

R. Méry

R. Raffaelli

R. Lecomte
du Nouy

**MUSÉE
PAUL
LANDOWSKI**

50

**STADE
JEAN BOUIN**

77

R. du Château

16

R. Albert-Laurenson

SAINTE CÉCILE

Villa Rosendael

90

11 R. Lazare Hoche

Rond Point
André Malraux

Rochereau

Reinach

Marcel Loyau

Pl. de
l'Europe

Pavillon

R. du Belvédère

R. de la Martinière

R. Claude Farrère

R. du Commandant Guilbaud

**PARC
DES PRINCES**

MUSÉE DU
SPORT

Parc

des

Princes

du

**LYCÉE
CLAUDE
BERNARD**

R. de
l'Arioste

BOULEVARD

R. du Serpent Magique

R. du Gal.

25

Roques

Place du
Général Stéfa

R. C. Clausse

M 1

Rue

Hugo

41

43

56

Rue

de

48

32

Paris

des

Princes

Tourelle

M 2

**CENTRE SPORTIF
GÉO ANDRÉ**

P

R. E. Clappier

Pl. du Docteur
Paul
Michaux

**STE JEA
DE CHA**

Place

M

Sa

ROUTE

R. de l'Ouest

ANCIEN

CIMETIÈRE

Rue

R. de l'Est

DE

37

Rue

LA

R. Ed. Detaille

REINE

15

Gallieni

R. Henri

R. Samara

Vert

Martin

Avenue de la Porte de Saint Cloud

Ferdinand

Av. E. Vaillant

**PORTE
DE ST CLOUD**

M

Av. F. Vaillant

**POR
DE ST CL**

Georges

89

VICTOR

R. de la pse Victor Hugo

50

32

53

Chemin

du

16

R. Pradier

**STADE
PIERRE
DE COUBE**

Av. F. C

Belle

V. des Princes

**TH. DE BOULOGNE
BILLANCOURT**

R.

Feuillie

V. des Fayères

R. Rieux

Émile

Landrin

Thiers

Rue

VAILLANT

R. Chateau

58

R. Cheverus

Dassault

38

Busson

R. Gutenberg

Av. du

AVENUE

86

75

ÉDOUARD

Rue

Marcel

99

V. des Pépinières

BOULOGNE-BILLANCOURT

V. des Radarts

N 2

PGP des En
du Pa

Pl. R
Clair

Place
Sembat

MARCEL SEMBAT

M

N 1

93

Boulevard

Rue

124 du

R.

Vieux

Pont de Sèvres

R.

Dôme

de

38

p. 49

Pl. du
Point du

R.

de

Pierre

Vannes

Grenelle

117

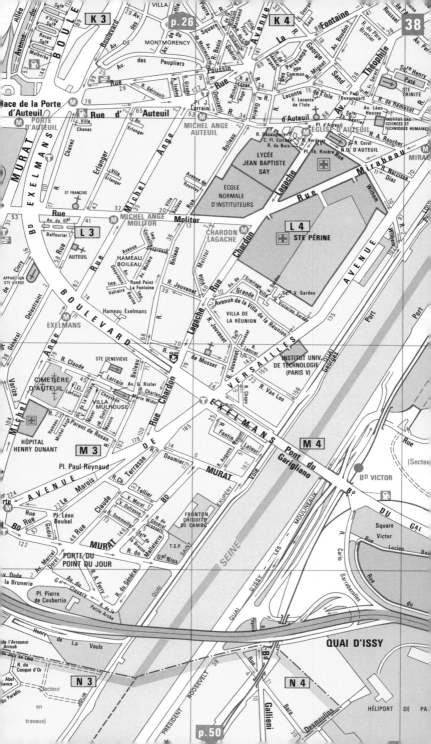

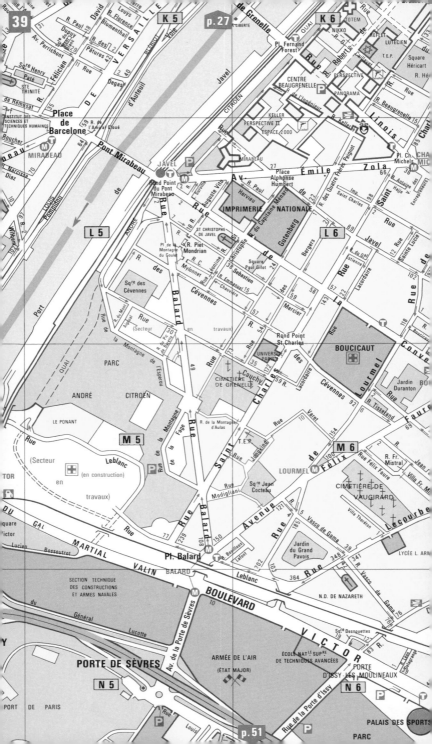

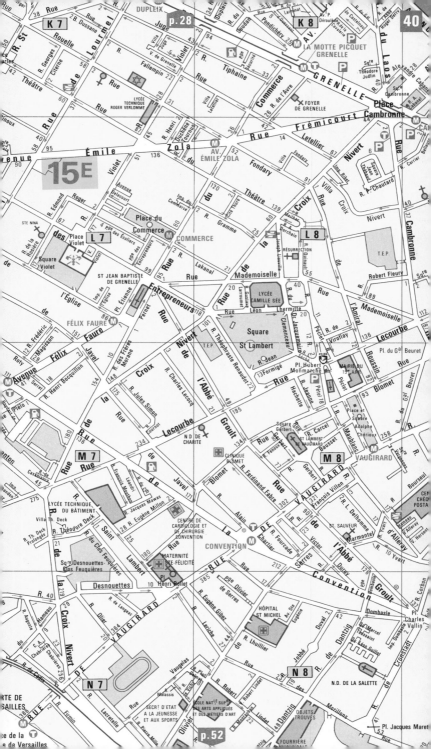

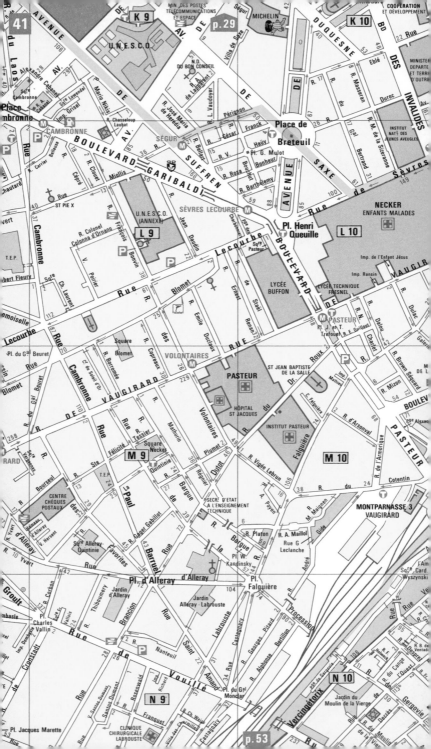

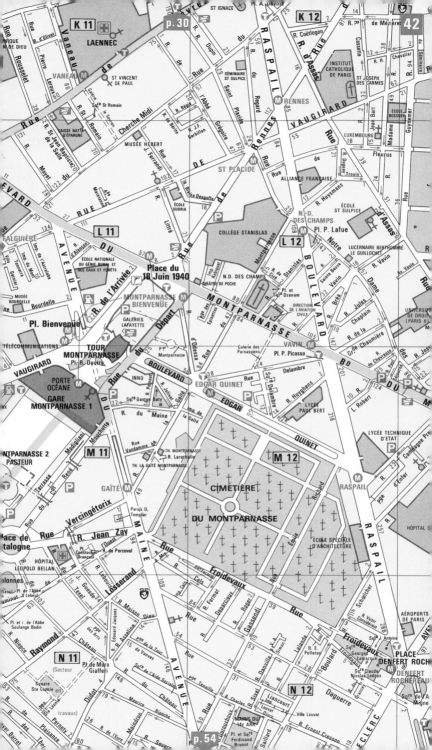

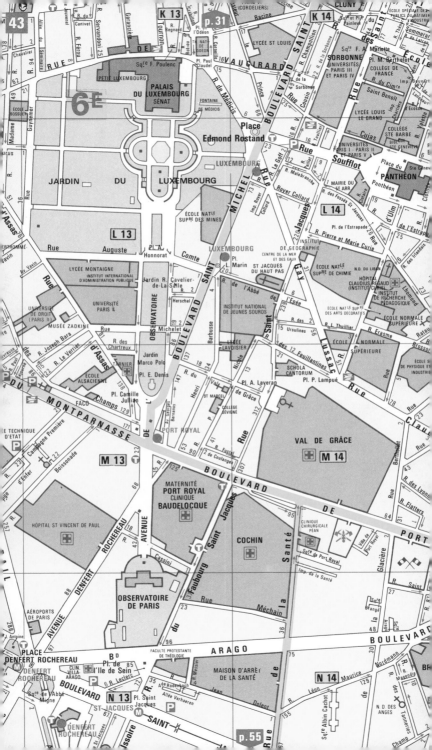

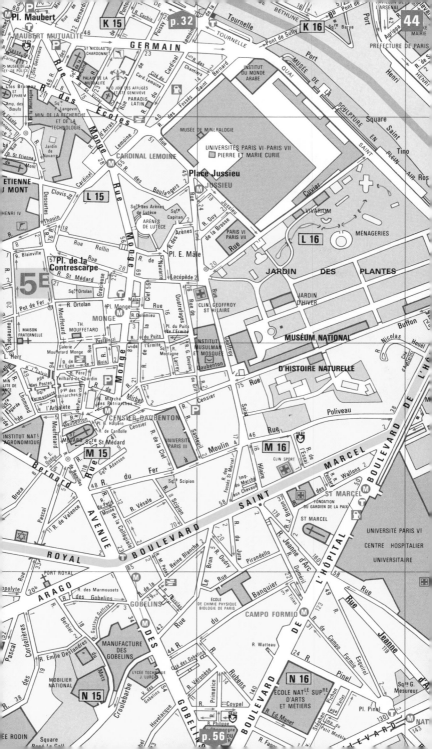

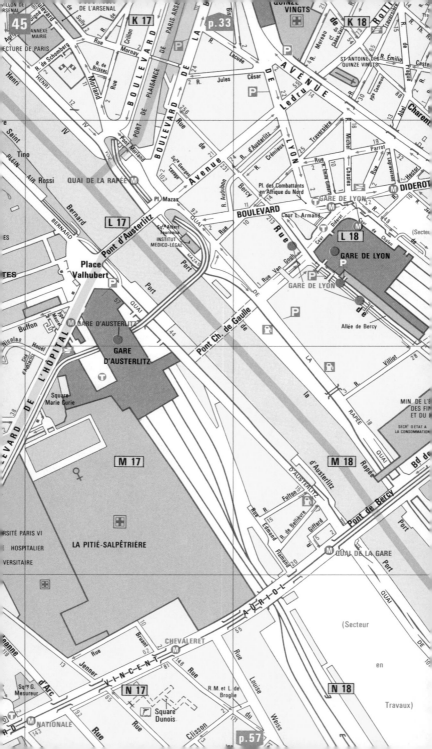

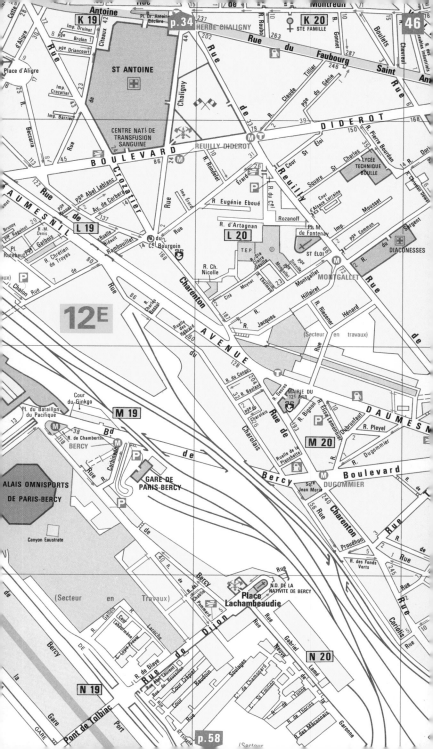

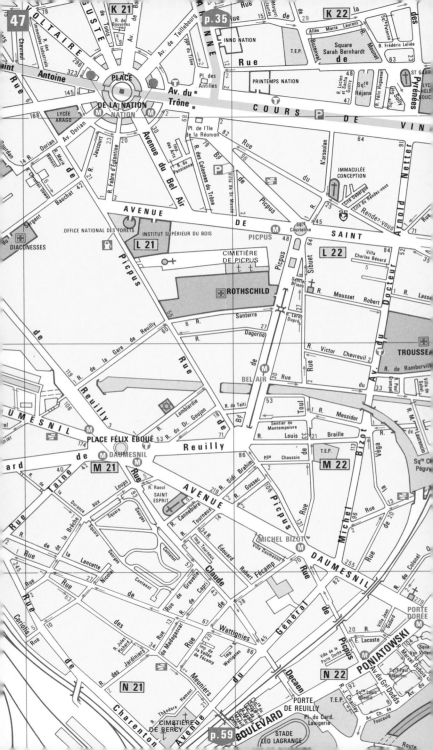

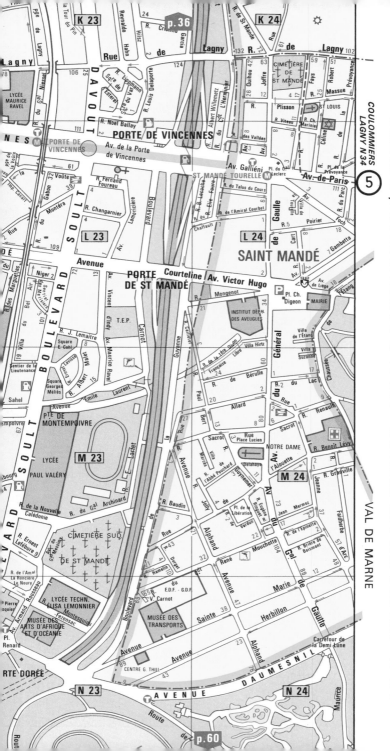

Utilisez le plan MICHELIN à 1/15.000 « Banlieue de Paris Sud-Est » n° 24

COULOMMIERS
LAGNY N 34

(5)

VAL DE MARNE

Map labels

K 23   p. 36   K 24

de la Tour du Pin
Reynaldo   R. Crisino   Garcia   Lagny
Hahn   Hilsz   R. de St Mandé   Rue   61
Lagny   Rue   de   124   Lagny   132   R.   de   Lagny   102

R. Quihou   42°   63   CIMETIÈRE   59   51
Joffre   DE   Fays   Robert   Prévoyance
ST MANDÉ   25   Massue
LYCÉE   106   25   Sqre de   Lupinpenté   R. Louis Delaporte   26   12   4   17
MAURICE   du   Gal   esteval   R. Plisson   ST LOUIS
RAVEL   R. Noël Ballay   111   Viteau   R. Ch. Mariniei
R. du   PORTE DE VINCENNES   R. des Vallées   de   Céline
NES   PORTE DE   Av. de la Porte   Av.   Pl. de la
VINCENNES   de Vincennes   Prévoyance
Av. Galliéni   Pl. du Gal   Av.-de-Paris
61   Voûte   R. Fernand   ST MANDÉ TOURELLE   Leclerc
Gabon   32   Foureau   R. du Talus du Cours   111   du Parc
du   Montéra   R. Changarnier   de   Av.   Foch
Rue   R.   4   Lamoricière   R. de l'Amiral Courbet   Gaulle   Poirier   18
R.   109   L 23   R. Elie Faure   R.5   Cart.   7   Gambetta
DÉ   Av.   Challault   7   L 24   de
Avenue   PORTE   Courteline   Av. Victor Hugo   SAINT MANDÉ
des   Niger   72   13   DE ST MANDÉ   R.   Mongenot   Av.   Av. de Liège   18
Marguerites   Av. Vincent   21   INSTITUT DÉPAL   Pl. Ch.   Étang
R. des   Bel   Air   d'Indy   DES AVEUGLES   34   Digeon   MAIRIE
Villa   101   T.E.P.   Villa Hirtz   Villa
R. J. Lemaître   Rue de la 1ère Div.   de l'Étang
Square   Française   60   Général   Villa
E. Gohl   8   Av. Maurice Ravel   24   R. de Bérulle   Suzanne
Sentier de la   Lavisse   15   Libre   1   R.2   du   Chaussée
Lieutenance   R. Albert   Émile   Laurent   2   Rue   du Lac
Square   Allard   Renault
Sahel   Georges   R.   80   Sacrot
Méliès   Avenue   de   Bert   13   2   R. Benoît Lévy
PTE DE   Sacrot   Rue Place Lucien   NOTRE DAME   H
MONTEMPOIVRE   la   Villa   Delahaye   R. Granville
Paul   Sacrot   3   de   Ave   2
LYCÉE   M 23   R.   Marcès   l'Abbé Pouchard   R. de l'Alouette   Jeanne   37
PAUL VALÉRY   Guynemer   M 24   Mermoz
bourg   R. du Gal Archinard   R. Baudin   Av.   Jolly   de   R. Eugène   Jean   R. de l'Épinette
R. de la Nouvelle   3   Alphand   Renault   Verdun   73   Faidherbe   R. d'Arc
Calédonie   Rue   R. Brière   57
R. Ernest   CIMETIÈRE SUD   Durel   René   Mouchotte   de Boismont
Lefébure   9   DE ST MANDÉ   32   22   104   89   12
R. de l'Amal   du   E.D.F. - G.D.F.   Avenue   Marie
La Roncière   656   V. Carnot   Alphand   Gaulle
Le Noury   Montesquiou   69   MUSÉE DES   Sainte   38   Herbillon
Pierre   LYCÉE TECHN.   Fezensac   TRANSPORTS   23   Carrefour de
squier   ÉLISA LEMONNIER   la Demi-Lune
MUSÉE DES   CENTRE G. Thill   43   Avenue   Avenue   Maurice
ARTS D'AFRIQUE   43
Pl.   ET D'OCÉANIE
Renard
RTE DORÉE   N 23   AVENUE   DAUMESNIL   N 24
Route   de   p. 60

Utilisez le plan MICHELIN à 1/15 000 « Banlieue de Paris Sud-Ouest » n° 22

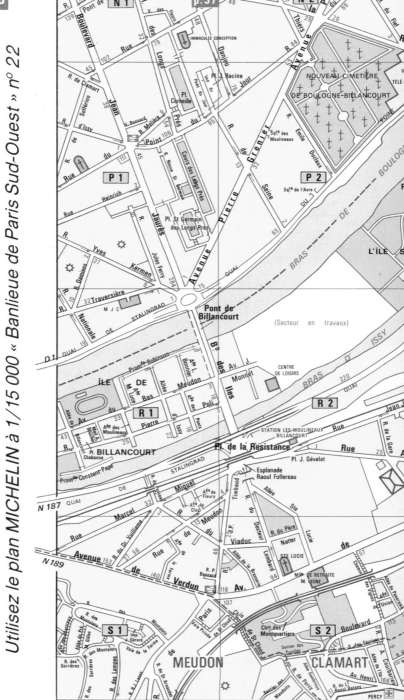

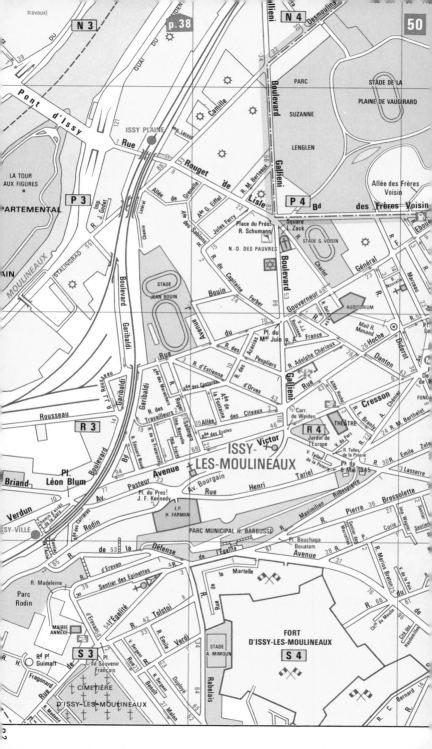

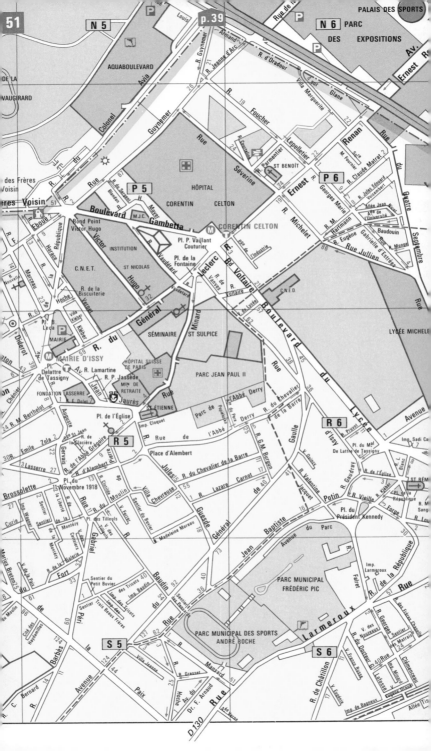

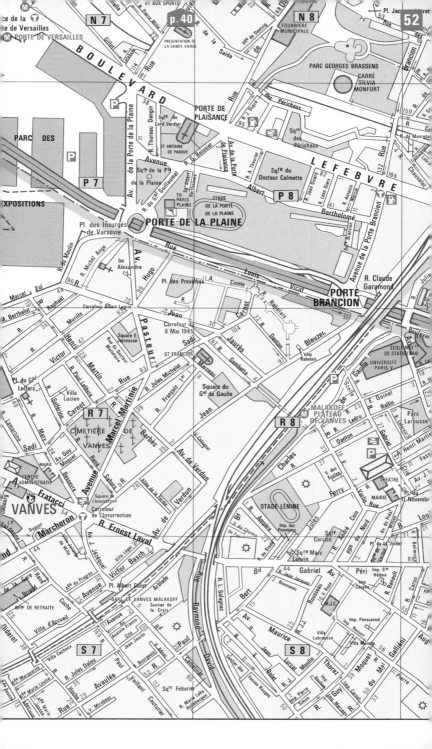

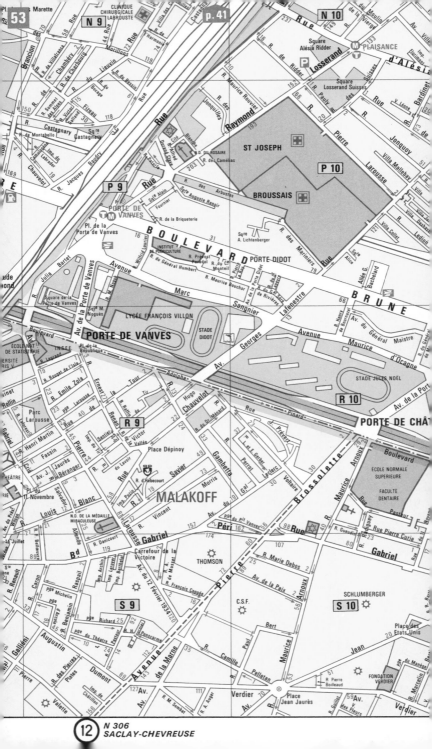

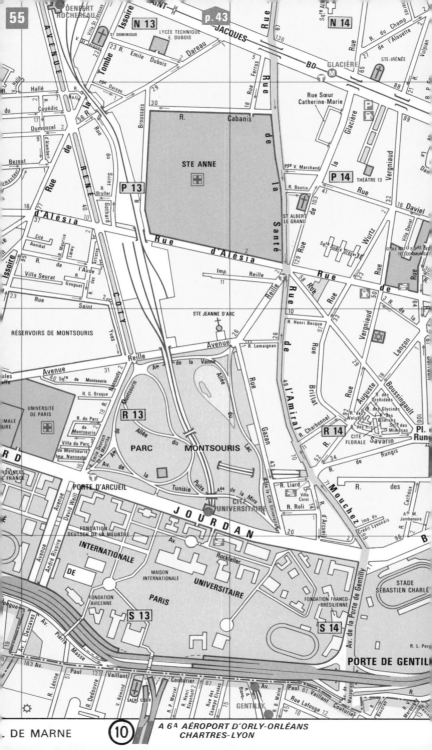

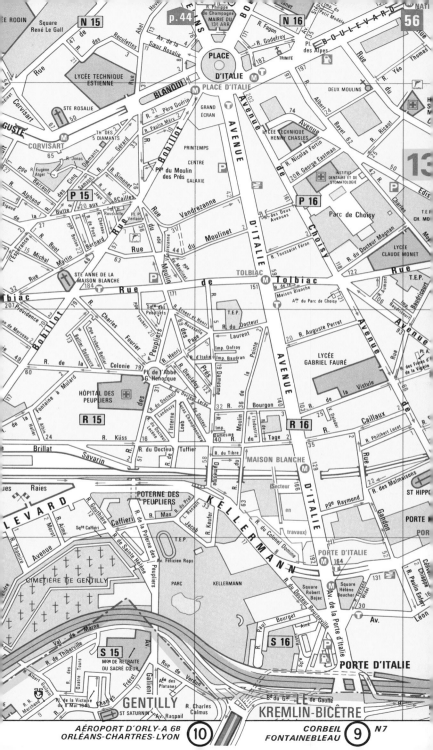

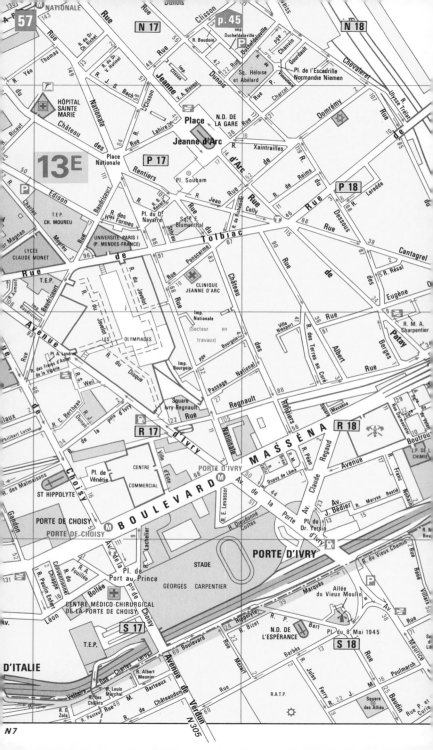

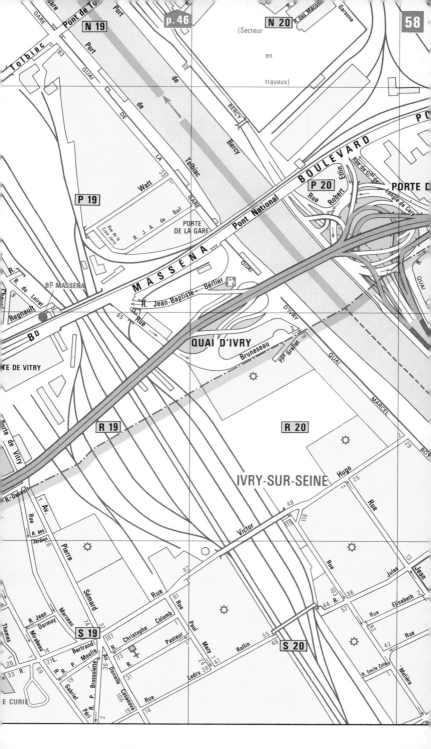

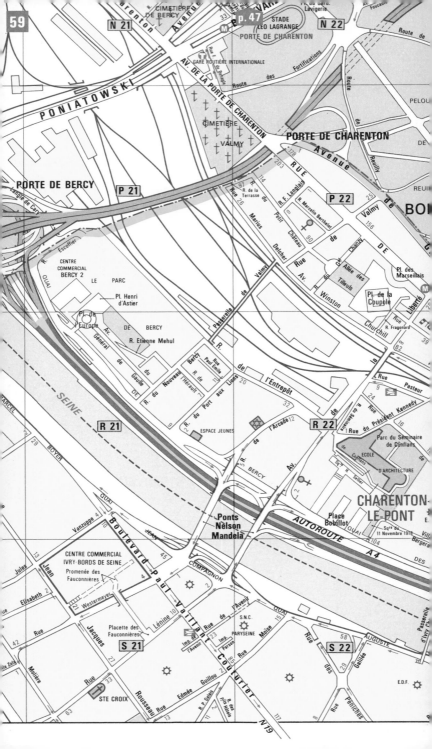

N 23

N 24

PARC ZOOLOGIQUE

ÎLE DE BERCY

Lac

Ceinture du Lac Daumesnil

ÎLE DE REUILLY

Av.

Ceinture

Route

Rouge

de

Route

Route

Route

du

Bac

des

TEMPLE BOUDDHIQUE

Lac

P 23

P 24

DE

VINCENNES

Daumesnil

Carrefour de la Conservation

de

la

Plaine

Route

du

Parc

Route

Av. de St-Maurice

VÉLODROME JACQUES ANQUETIL

Glacières

CIMETIÈRE DE CHARENTON

Chemin du Cimetière

Avenue

de

Gravelle

6

VAL DE MARNE

PARIS

Mouquin

Av.

Camille

Verdun

R. Nocard

THÉÂTRE DE CHARENTON

Jean

Anatole

France

RUE

Bordeaux

R 23

Pigeon

des

Conflans

CENTRE CULTUREL

de la Cerisaie

St Pierre

Pl. Ramon

Pl. A. Briand

Jaurès

MUSÉE DU PAIN

Pl. de l'Église

CHARENTON ÉCOLES

ESP. TOFFOLI

R P A JEANNE D'ALBRET

Paul

Éluard

Victor

Hugo

R. du Cadran

P

Pl. Arthur Dussault

MAIRIE

TRIBUNAL

Square Jules Noël

Sq^te J. Mermoz

CENTRE DE LOISIRS

CARRIÈRES

Villa

Rue

R. Schuman

Sqre du 8-Mai 1945

QUAI

R. du Séjour

DE

Rue

de la Mairie

PARIS

CARRIÈRES

ÎLE MARTINET

Pont Martinet

S 23

STADE HENRI GUÉRIN

Passerelle d'Alfortville

MARNE

QUAI

D'ALFORTVILLE

COSMI

R. Véron

Marne

S 24

Pont de Charenton

QUAI DU DR. MASS

ALFORT ÉCOLE VÉTÉRINAIRE

R. Vaillant Couturier

R. A. Maire

R. Bourgelat

6

7

8

MELUN N 6 FONTAINEBLEAU

N 19

NANCY METZ-REIMS A 4

TROYES PROVINS

R. d'Estienne d'Orves

Rue des Ormes

R. du Bac

Leclerc

Stinville

Av.

Victor

Basch

Rue

Général

du

République

Guérin

la

R 24

Parc

de

Tassigny

Av. de Verdun

R. E. Delacroix

R. E. Nocard

Pge de la

V. des Épinettes

des

Épinettes

R. de la Pompe

R. Curl

R. du M^al Leclerc

Villa des Fleurs

Rue

de

Thiébault

Labbaret

de Lattre

R. Gabrielle

Péri

Sully

Marty

Alfred

Savoure

Pl.

Henry IV

Imp. des Quatre Vents

Gabriel

Rue

Rue

Rue

Rue

Rue

DES

Rue de l'Abreuvoir

R. du Pont

Utilisez le plan MICHELIN à 1/15 000 « Banlieue de Paris Sud-Est » n° 24

61

BOIS DE BOULOGNE

0   500 m

Voir légende pages suivantes
See key following pages
Zeichenerklärung s. folgende Seiten
Ver signos convencionales páginas siguientes

PUTEAUX

STADE COMMUNAL
DE L'ILE DE PUTEAUX

V

R. A. Blanche

R. Richard

R. Godefroy Bouton

Wallace

Quai de Dion

N 187

Pont de Puteaux

Av. G. Pompidou

Rue de Verdun

PARC INTERDÉPARTEMENTAL
DES SPORTS

P¹ᵉ de la Seine

SURESNES

CHAMP
D'ENTRAÎNEMENT

PARC

Av. F. Roosevelt

R. du M¹ Valérien

FOCH

N 185

Av. Ch. de Gaulle

R. du Bac

Galliéni

Quai

Bᵈ de Suresnes

CAMPING
PARIS OUEST

TERRAINS
DE SPORTS

BAGATELLE

DE

X

Henri Sellier

Pont de Suresnes

Allée

POLO DE PARIS

3ᵗᵉ 4

ÉTANG DE L'ABBAYE

2

R¹ᵉ de Suresnes

33

ÉTANG DE
LONGCHAMP

33

Allée

33

de

Sèvres

Crécable

39

39

23

23

Longchamp

39

SEINE

Quai Léon Blum

Bᵈ

ÉTANG D'EAU

ÉTANG DE SURESNES

CENTRE
INTERNATIONAL
DE L'ENFANCE

Route

P¹ᵉ

Ruisseau

Reine

PRÉ
CATELAN

19

39

19

Quai Marcel Dassault

de

Tribunes

35

28

GDE CASCADE

ÉTANG DES RÉSERVOIRS

Châlet de la
Grande Cascade

19

57

49

49

39

56

HIPPODROME

Neuilly

DE

Route

Pᵗᵉ

15

49

20

49

la

57

32

54

j'Hippodrome

Y

SAINT CLOUD

ÉTANG DES TRIBUNES

du

Bord

des

DE

LONGCHAMP

de

Sèvres

de

d'Auteuil

JEU DE BOU
DE PASSY

C.N.S.C.

YACHT MOTO-CLUB
DE FRANCE

37

PÉPINIÈRE

54

39

Nature

S.N.C.P.

A.C.B.B.

ÉTANG DE BOULOGNE

49

20

40

55

Sentier

Suresnes

Saint

Clo

55

58

Passerelle de l'Avre

53

55

55

de

Boulogne

Passy

Boulevard

Septembre

Anatole

55

15

55

54

39

Quatre

PARC. ED. DE
ROTHSCHILD

Porte de
Hippodrome

Allée

Av.

Quai Carnot

N 187

du

Autoroute A13

des Abondances

AMBROISE PARÉ

ROTHSCHILD

15

Porte de
Boulogne

18

Av.

de

la

39

Z

R. de l'Abreuvoir

Av. Ch. de Gaulle

France

3

Stade du Fond
des Princes

STADE
ROLAND GARROS

JAR
DESS
D'A

BOULOGNE-
BILLANCOURT

R. A. Jacquin

Av.

J.B.

Clément

R. Denfert-Rochereau

R. Gutenberg

R. de La Rochefoucauld

Bᵈ

Av. G. Bennett

d'Aut

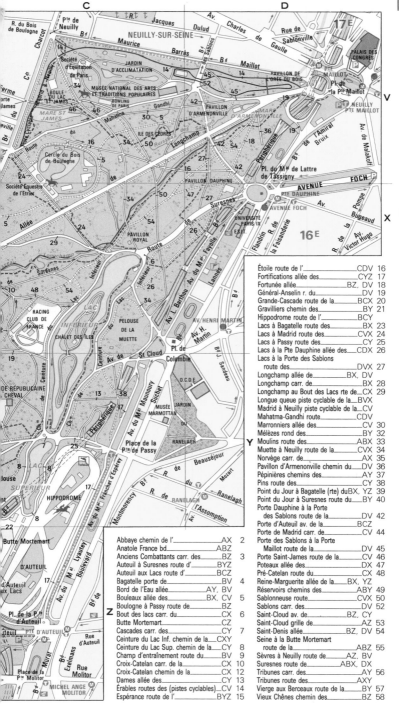

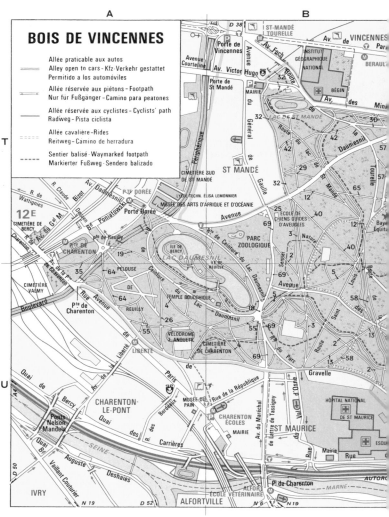

BOIS DE VINCENNES

Allée praticable aux autos
Alley open tn cars – Kfz-Verkehr gestattet
Permitido a los automóviles

Allée réservée aux piétons – Footpath
Nur für Fußgänger – Camino para peatones

Allée réservée aux cyclistes – Cyclists' path
Radweg – Pista ciclista

Allée cavalière – Rides
Reitweg – Camino de herradura

Sentier balisé – Waymarked footpath
Markierter Fußweg – Sendero balizado

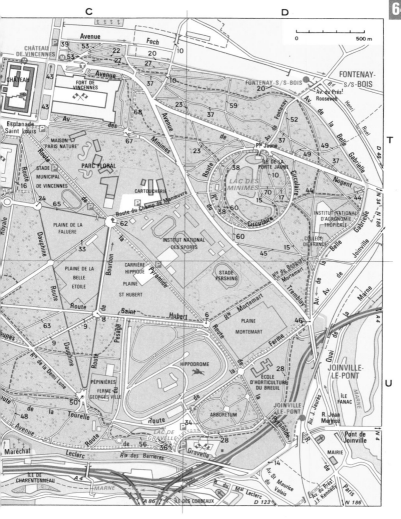

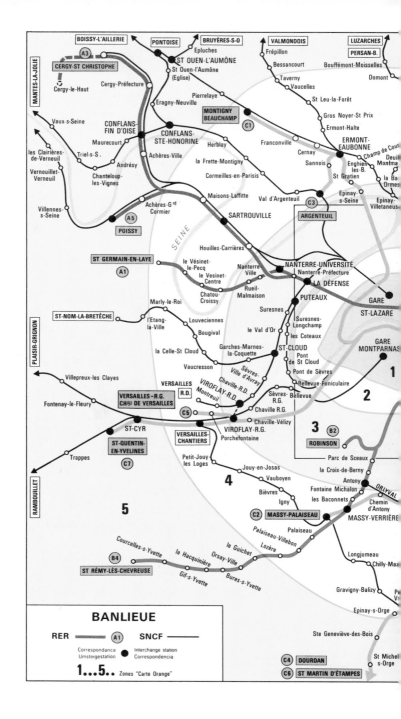

BANLIEUE

RER ●──── (A1) SNCF ────

Correspondance
Umsteigestation ● Interchange station
Correspondencia

1...5.. Zones "Carte Orange"

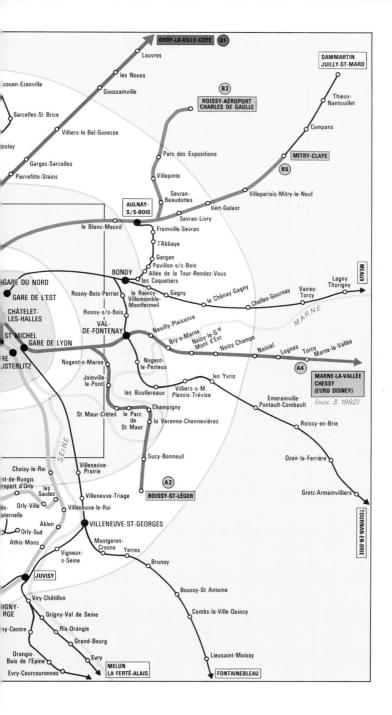

ORRY-LA-VILLE-COYE D1

Louvres

les Noues

couen-Ezanville

Goussainville

Sarcelles-St Brice

Villiers-le-Bel-Gonesse

oslay

Garges-Sarcelles

Pierrefitte-Stains

DAMMARTIN JUILLY-ST-MARD

Thieux-Nantouillet

B3
ROISSY-AÉROPORT CHARLES DE GAULLE

Compans

Parc des Expositions

MITRY-CLAYE

B5

Villepinte

Sevran-Beaudottes

Villeparisis-Mitry-le-Neuf

Vert-Galant

AULNAY-S/S-BOIS

Sevran-Livry

le Blanc-Mesnil

Freinville-Sevran

l'Abbaye

Gargan

BONDY

Pavillon-s/s-Bois

Allée de la Tour-Rendez-Vous

les Coquetiers

GARE DU NORD

GARE DE L'EST

Rosny-Bois-Perrier

le Raincy-Villemomble-Montfermeil

Gagny

le Chénay-Gagny

Chelles-Gournay

Vaires-Torcy

Lagny Thorigny

MEAUX

CHÂTELET-LES-HALLES

Rosny-s/s-Bois

MARNE

ST MICHEL

VAL-DE-FONTENAY

GARE DE LYON

Neuilly-Plaisance

RE
USTERLITZ

Bry-s-Marne

Noisy-le-G^rd-Mont d'Est

Noisy-Champs

Noisiel

Lognes

Torcy

Marne-la-Vallée

Nogent-s-Marne

Nogent-le-Perreux

A4

Joinville-le-Pont

les Yvris

MARNE-LA-VALLÉE CHESSY (EURO DISNEY)

les Boullereaux

Villiers-s-M. Plessis-Trévise

Emerainville-Pontault-Combault

(ouv. 3. 1992)

Champigny

St Maur-Créteil

le Parc de St Maur

la Varenne-Chennevières

Roissy-en-Brie

Sucy-Bonneuil

Ozoir-la-Ferrière

Choisy-le-Roi

Villeneuve-Prairie

nt-de-Rungis
roport d'Orly

les Saules

A2
BOISSY-ST-LÉGER

Gretz-Armainvilliers

is-
aternelle

Orly-Ville

Villeneuve-Triage

Ablon

Villeneuve-le-Roi

Orly-Sud

Athis-Mons

VILLENEUVE-ST-GEORGES

TOURNAN-EN-BRIE

Montgeron-Crosne

Yerres

Vigneux-s-Seine

Brunoy

JUVISY

Viry-Châtillon

Boussy-St Antoine

IGNY-
RGE

Grigny-Val de Seine

Combs-la-Ville-Quincy

ny-Centre

Ris-Orangis

Grand-Bourg

Orangis-Bois de l'Épine

Evry

MELUN
LA FERTÉ-ALAIS

Lieusaint-Moissy

Evry-Courcouronnes

FONTAINEBLEAU

SEINE

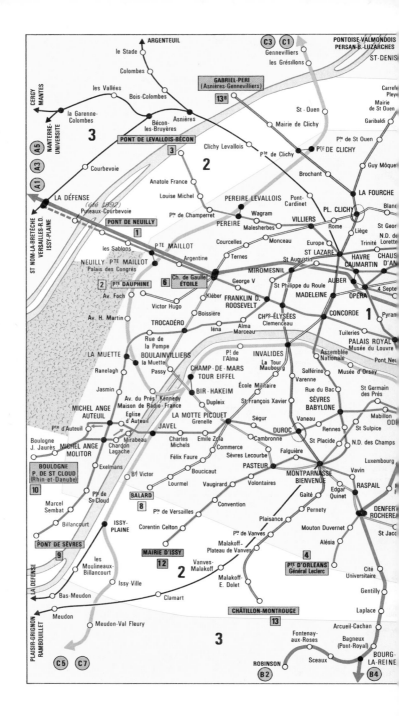

ARGENTEUIL

le Stade

Colombes

les Vallées

Bois-Colombes

la Garenne-Colombes

Bécon-les-Bruyères

Asnières

GABRIEL-PÉRI
(Asnières-Gennevilliers)
13B

C3 C1
Gennevilliers
les Grésillons

PONTOISE-VALMONDOIS
PERSAN-B.-LUZARCHES
ST-DENIS

Carrefour
Pleyel

Mairie
de St Ouen

Garibaldi

CERGY MANTES

NANTERRE-UNIVERSITÉ

A5 A3 A1

3

Courbevoie

PONT DE LEVALLOIS-BÉCON

Clichy Levallois

Anatole France

Louise Michel

LA DÉFENSE
(été 1992)
Puteaux-Courbevoie

PONT DE NEUILLY
1

3

2

Pte de Clichy

St-Ouen

Mairie de Clichy

Pte de Clichy

Brochant

Pte de St Ouen

Pte DE CLICHY

Guy Môquet

LA FOURCHE

Blanc

Pte de Champerret

PEREIRE LEVALLOIS

Wagram

Pont-Cardinet

VILLIERS

PL. CLICHY

St Geor

ST NOM-LA-BRETÈCHE
VERSAILLES-R.D.
ISSY-PLAINE

les Sablons

NEUILLY - Pte MAILLOT
Palais des Congrès

Pte MAILLOT

Argentine

PEREIRE

Malesherbes

Courcelles

Ternes

Monceau

Europe

Rome

Liège

N.D. de
Lorette

St Augustin

ST LAZARE

Trinité

HAVRE
CAUMARTIN

CHAUS
D'AN

2 Pte DAUPHINE

6 Ch. de Gaulle
ÉTOILE

MIROMESNIL

AUBER

4 Septe

Av. Foch

Victor Hugo

Kléber

George V

St Philippe du Roule

MADELEINE

OPÉRA

Av. H. Martin

Boissière

FRANKLIN D.
ROOSEVELT

CHPS-ÉLYSÉES
Clemenceau

CONCORDE

1

Pyram

TROCADÉRO

Iéna

Alma
Marceau

Tuileries

PALAIS ROYAL
Musée du Louvre

Rue de
la Pompe

LA MUETTE

BOULAINVILLIERS
la Muette

Passy

Pt de
l'Alma

INVALIDES

La Tour
Maubourg

Assemblée
Nationale

Pont Neu

Ranelagh

CHAMP-DE-MARS
TOUR EIFFEL

École Militaire

Solférino

Varenne

Musée d'Orsay

Jasmin

Av. du Prés! Kennedy
Maison de Radio-France

BIR-HAKEIM

Dupleix

St-François Xavier

Rue du Bac

St Germain
des Prés

MICHEL ANGE
AUTEUIL

Église
d'Auteuil

JAVEL

LA MOTTE PICQUET
Grenelle

Ségur

Vaneau

SÈVRES
BABYLONE

DUROC

Rennes

St Sulpice

Mabillon
ODÉ

Pte d'Auteuil

Boulogne
J. Jaurès

MICHEL ANGE
MOLITOR

Mirabeau

Chardon
Lagache

Charles
Michels

Émile Zola

Commerce

Cambronne

St Placide

N.D. des Champs

Félix Faure

Sèvres Lecourbe

Falguière

Luxembourg

BOULOGNE
P. DE ST CLOUD
(Rhin-et-Danube)
10

Exelmans

Bd Victor

Boucicaut

PASTEUR

Vavin

Marcel
Sembat

Pte de
St-Cloud

BALARD
8

Lourmel

Vaugirard

Volontaires

MONTPARNASSE
BIENVENUE

Edgar
Quinet

Gaîté

RASPAIL

Billancourt

Convention

Plaisance

Pernety

DENFER
ROCHERE

PONT DE SÈVRES

ISSY-PLAINE

Corentin Celton

Pte de Versailles

Pte de Vanves

Mouton Duvernet

St Jac

9

les
Moulineaux-
Billancourt

MAIRIE D'ISSY
12

Malakoff-
Plateau de Vanves

Alésia

Cité
Universitaire

LA DÉFENSE

Issy-Ville

Vanves-
Malakoff

4 Pte D'ORLÉANS
Général Leclerc

Gentilly

Bas-Meudon

Clamart

Malakoff-
E. Dolet

2

Laplace

Meudon

CHÂTILLON-MONTROUGE
13

Arcueil-Cachan

Meudon-Val Fleury

3

Fontenay-
aux-Roses

Bagneux
(Pont-Royal)

BOURG-
LA-REINE

C5 C7

ROBINSON
B2

Sceaux

B4

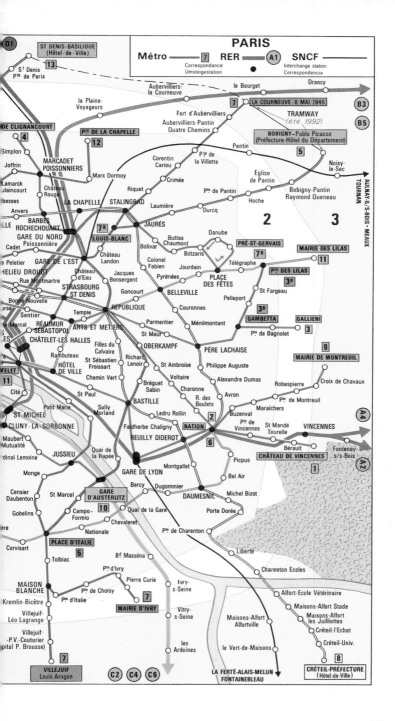

Notes

MANUFACTURE FRANÇAISE DES PNEUMATIQUES MICHELIN

Société en commandite par actions au capital de 2 000 000 000 de francs

Place des Carmes-Déchaux - 63 Clermont-Ferrand (France)

R.C.S. Clermont-Fd B 855 200 507

© **Michelin et Cie, Propriétaires-Éditeurs 1991**

Dépôt légal 4e trim. 91 - ISBN 2.06.700.014-4

Printed in France 08-91-50

Impression : MAME Imprimeurs à Tours n° 13807